LA VIE DE GARÇON,

COMÉDIE-VAUDEVILLE EN DEUX ACTES,

PAR

MM. PAUL DUPORT ET DE BIÉVILLE;

Représentée pour la première fois, à Paris, sur le théâtre du Gymnase Dramatique, le 10 janvier 1838.

DISTRIBUTION DE LA PIÈCE:

BRIÈRE, vieux garçon.................... M. FERVILLE.
ADRIEN BRIÈRE, son neveu.............. M. RHOZEVILLE.
MÉDARD, valet de chambre de Brière....... M. NUMA.
PAULINE, jeune ouvrière à l'année......... Mlle EUGÉNIE SAUVAGE.

La scène se passe, au premier acte, dans la maison de Brière, à Paris; et au second acte, dans sa maison de campagne.

ACTE PREMIER.

Le théâtre représente un salon élégant. Ameublement de bon goût. A gauche du public, sur le devant de la scène, un canapé.

SCÈNE I.

BRIÈRE, tenue de vieux fashionable; ADRIEN.

ADRIEN, entrant.

On vient de me dire que vous me demandiez.

BRIÈRE.

Oui, monsieur l'avocat, j'ai à vous parler d'une affaire de la plus haute importance.

ADRIEN.

Vous, mon oncle?

BRIÈRE.

Cela t'étonne... je sais bien que ce n'est pas mon fort, les choses sérieuses... ah Dieu!... je les ai toutes en horreur, y compris le mariage, qui en est la plus bouffonne. Mais n'importe... quand il s'agit comme en ce moment de l'avenir de mon neveu...

ADRIEN.

Comment, mon oncle?

BRIÈRE.

Tu es un sournois qui sembles ne penser qu'à tes plaidoyers, à ta clientèle; de sorte que, sans le hasard qui m'a fait découvrir ton secret...

ADRIEN.

Mon secret!... ô ciel!... que voulez-vous dire?

BRIÈRE.

Je veux dire qu'il y a un très grand inconvénient à demeurer ensemble... quand on porte le même nom... parceque des lettres destinées à l'un, peuvent tomber aux mains de l'autre... celle-ci, par exemple...

ADRIEN, prenant la lettre.

Est-il possible!... une lettre de Louise... (Il lit.) « Mon ami, j'ai tout avoué à ma mère..... « elle vous attend .. » Ah! je cours...

BRIÈRE, l'arrêtant.

Eh! veux-tu bien!... où vas-tu?

ADRIEN.

Mon oncle...

BRIÈRE.

Lis donc jusqu'au bout: « elle vous attend à midi. »

ADRIEN.

Oh! que c'est long!... mais tant mieux au fait!... d'ici là, j'aurai le temps de vous faire une confidence entière.

BRIÈRE.

De ce que je sais déjà?... grand merci...

ADRIEN.

Oh non! non!... ce billet ne vous a fait connaître que mon amour, et non celle qui l'inspire... ma Louise! tant de grâces, de qualités, de vertus! et puis la famille la plus honorable, que des malheurs...

BRIÈRE.

Ah oui! des malheurs!... connu!..

ADRIEN.

Riez, riez, mon oncle... mais moi, qui, en qualité d'avocat, ai compulsé des titres, des pièces authentiques...

BRIÈRE.

Quoi! tu aurais plaidé?...

ADRIEN.

Pour elle et sa mère... c'est ainsi que je les ai connues... un procès, d'où dépendait la plus grande partie de leur fortune...

BRIÈRE.

Et que tu as gagné?...

ADRIEN.

Au contraire, mon oncle... que j'ai perdu !

BRIÈRE.

Bah!...

ADRIEN.

Et cette épreuve, si vous aviez vu comme Louise l'a soutenue! que de courage, de gaîté, pour consoler sa mère... et moi-même... moi, dont elle aurait pu soupçonner le zèle, ou du moins le talent! Ah! aussi, dès ce jour, il me sembla qu'une voix intérieure me disait : « Voilà « la femme qui pourrait te rendre heureux, « près de laquelle tu surmonterais plus aisément « les difficultés, les maux de la vie... » J'ai cherché à lui plaire; j'y ai réussi... et maintenant, mon oncle, vous qui depuis que je suis orphelin m'avez entouré de votre protection, de vos bienfaits, vous allez me tenir lieu de père, vous me servirez, n'est-ce pas?...

BRIÈRE.

Comment donc, mais de tout mon cœur!... ce cher Adrien!... je te servirai, pardieu!... je te servirai... pas tout-à-fait comme tu l'entends.

ADRIEN.

Plaît-il?

BRIÈRE.

Air: L'amour qu'Edmond a su me taire.

Il est, vois-tu, dans notre vie,
A nous anciens mauvais sujets,
Un feuillet pour chaque folie.
Moi, j'ai déjà bien des feuillets !...
Or, c'est à nous mieux qu'à personne
Que sur ce point on doit s'en rapporter :
Car nous savons ce qu'une faute donne
Et ce qu'elle pourra coûter.

ADRIEN.

Une faute, dites-vous?...

BRIÈRE.

Tu ne m'as jamais demandé pourquoi, moi qui ne me pique guères d'être sentimental, j'avais là au doigt une bague, un sentiment qui ne me quitte jamais... si je te disais quel souvenir il me retrace!... tu comprendrais alors pourquoi avec de la fortune, une position dans le monde, la réputation d'homme aimable, je suis toujours resté garçon; apprends qu'à ton âge, je

me suis trouvé dans une position à peu près semblable à la tienne.

ADRIEN.

En vérité!

BRIÈRE.

Oui, j'aimais une jeune fille, et je réussis à lui plaire... du moins je le croyais... quand une mission administrative m'éloigna de Paris.

ADRIEN.

Ah! quel dut être votre chagrin...

BRIÈRE.

Oh ça!... des adieux pathétiques... et pour gage de ma foi je lui donnai cet anneau, qu'elle jura de ne quitter qu'avec la vie; j'étais déjà depuis un mois à mon nouveau poste, que je pensais encore à mes amours... oui, j'y pensais... en philosophe, lorsqu'un beau matin je reçois une épître de mon Ariane...elle avait découvert notre secret à sa mère, et m'écrivait... comme ta Louise... en termes plus passionnés encore... ça brûlait le papier !...

ADRIEN.

Ah! je vous vois couvrir de baisers cette bienheureuse lettre, vous élancer vers Paris, ne pas prendre un instant de repos, avant d'être arrivé...

BRIÈRE.

C'est fort beau, tout cela!... mais, mon cher, on ne procède ainsi que dans les romans. J'étais fonctionnaire; je ne pouvais quitter mon poste au pied-levé.

ADRIEN.

Il fallait donner votre démission.

BRIÈRE.

Bravo!... tu aurais été aussi niais que moi... ça me fait plaisir... deux vrais Picards... ce qui est entré une fois dans notre tête... oui, mon garçon, je demandai un remplaçant.

ADRIEN.

Et vous ne fûtes pas long-temps à vous rendre à Paris?

BRIÈRE.

Pas trop... sur-tout pour un homme qui regarde son mariage comme infaillible... le temps de faire quelques adieux, de mener à fin quelques aventures que la politesse ne me permettait pas de laisser là sans dénouement.

ADRIEN.

Comment, mon oncle!...

BRIÈRE.

Eh mon Dieu! j'arrivai trop vite encore pour ce qui m'attendait. Au sortir de la diligence, je cours chez celle qui m'avait rappelé d'une manière si tendre, juré une fidélité éternelle... juge de mon désespoir!... j'apprends que la pauvre fille est...

ADRIEN.

Morte ?

BRIÈRE.

Mariée.

ADRIEN.

Mariée !...

BRIÈRE.

On n'avait pas pu attendre... et j'avais là un remplaçant, comme dans mon emploi...

ADRIEN.

Un pareil coup !...

BRIÈRE.

Me fit maudire le sort, que j'en ai bien remercié plus tard... une dixaine d'années après, lorsque je me rencontrai avec ma belle... qui était devenue laide, dont la sensibilité rentrée s'était tournée en mauvaise humeur permanente... un ange devenu démon !... en sorte que mon *heureux* rival, était bien le mari le plus *infortuné;* tandis que moi . éclairé par cette leçon :

AIR du Pot de Fleurs.

Et désormais appréciant la femme
Et l'estimant à sa juste valeur,
Un noble espoir s'empara de mon ame :
Je résolus d'être notre vengeur.
C'était bien juste ; et ces dames, je pense ,
Feraient chez nous trop de dupes, vraiment,
Si parfois quelque bon enfant
Ne rétablissait la balance.

Aussi cet anneau que la perfide m'avait renvoyé, je jurai qu'il serait là, toujours là, comme un palladium, un talisman pour m'empêcher de contracter jamais aucun engagement sérieux ; et depuis, j'eus chez moi la tranquillité, l'indépendance, ailleurs la gaîté, le plaisir ; car dès qu'une belle cessait de me plaire, vite je passais à une autre, et j'ai vécu ainsi dans une lune de miel perpétuelle.

ADRIEN.

Soit, autrefois... mais maintenant, à votre âge...

BRIÈRE.

Ah ! dam !... le changement ne m'est plus aussi facile , d'accord... que veux-tu ? j'en suis quitte pour élever mes prétentions moins haut.

Qui n'a pas l'esprit de son âge,
De son âge a tout le malheur.

Grâce aux progrès de mon expérience, je suis plus maître de moi. Je sais calculer plus froidement les côtés faibles de la position que j'attaque... or, des côtés faibles, il y en a toujours chez les femmes...et on les emporte, soit par capitulation, soit par surprise... enfin, mon garçon, jusqu'à ce jour j'ai marché de plaisir en plaisir... voilà ma vie ! je t'ai dit celle de mon rival.Choisis.

ADRIEN.

Mon choix sera bientôt fait. Je vous répondrai d'abord, que votre existence ne me fait point envie... du plaisir, oui, peut-être... mais du bonheur... oh ! non...

BRIÈRE.

Le bonheur ! un mot vide de sens.

ADRIEN.

J'ajouterai, que vouloir condamner toutes les femmes sur un trait isolé, autant vaudrait renoncer au monde parcequ'il s'y trouve quelques malhonnêtes gens; il ne s'agit que de bien choisir... et ma Louise est si bonne !...

BRIÈRE.

Voilà ce qu'on se dit toujours... on se croit plus habile que les autres, et quand l'événement vous ouvre les yeux, il est trop tard.

ADRIEN.

Eh ! mon oncle, s'il est parfois des regrets dans le mariage, n'en est-il aucun dans le célibat ? Ne vient-il pas un âge, où rien ne remplace une amie qui ait traversé avec nous toutes les époques de l'existence, que l'habitude ait familiarisée avec nos goûts et nos sentiments, qui comprenne sur-tout nos souvenirs : car alors, nous ne vivons plus guère que par là ? Et si nous la cherchons en vain, cette compagne de nos vieux jours, ne sera-ce pas aussi le cas de nous écrier : « Il est trop tard ? »

BRIÈRE.

Fort bien ! monsieur l'avocat; argument *ad hominem...* merci !

ADRIEN.

Pardon, mon oncle, si je suis sorti du respect que je vous dois.

BRIÈRE.

Et je me moque pas mal de ton respect... ce qu'il me faut, c'est notre intimité, c'est que tu ne me quittes jamais... car, vois-tu bien, je me suis habitué à te regarder, non pas comme un simple neveu, mais comme un ami, un frère, un second moi-même !... sans toi, je me croirais seul au monde ; et c'est ce lien-là que tu voudrais rompre, pour un caprice de jeune homme !

ADRIEN.

Un caprice !... la promesse que j'ai faite à Louise !...

BRIÈRE.

Des promesses !... parbleu !... moi j'en ai fait cinquante de ce genre-là... comme tout le monde: ce qui ne m'empêchera pas de vivre et mourir célibataire...

ADRIEN.

Mais la morale !...

BRIÈRE.

La morale ! en fait d'amour !...

ADRIEN.

Eh ! mais, pourquoi pas?... tenez, mon oncle, ce que je ne puis comprendre, c'est que vous qui êtes toujours prêt à obliger, à faire du bien, vous qui ne restez insensible à aucune infortune, vous soyez sans pitié dès l'instant qu'il s'agit de la réputation et de l'avenir des femmes !

AIR : C'était Renaud de Montauban.

En vous jouant sans même y réfléchir,
Par des sermens vous les trompez sans cesse,

Vous qui rougiriez de trahir
Envers un homme une simple promesse.
Lui, cependant, il pourrait se venger,
Et contre nous elles n'ont que des larmes.
Le ciel leur donne, à défaut d'armes,
Notre honneur pour les protéger.

Allons, mon oncle, mon cher oncle, ne vous faites pas plus méchant que vous n'êtes, vous la bonté même... laissez-moi suivre mon penchant, satisfaire mon cœur, et mettez le comble à vos bienfaits, en me donnant votre consentement à ce mariage.

BRIÈRE.

Pauvre garçon... la tête n'y est plus... fasciné!... sous le charme!... allons, je vois bien qu'il faudra que je fasse l'oncle, que je te donne des ordres: c'est ennuyeux... mais, écoute donc, si c'est nécessaire, je t'en donnerai...

ADRIEN.

Mais, mon oncle.

BRIÈRE.

Mais... mais tu as une tête picarde; mais moi aussi, et depuis plus longtems..... et je t'ordonne...

ADRIEN, avec fermeté.

Non, mon oncle, vous ne me mettrez pas dans la nécessité de vous désobéir.

BRIÈRE, piqué.

Plaît-il, mon ami?... j'ai mal entendu, sans doute; car on ne résiste guère à un oncle de trente mille livres de rente.

ADRIEN.

Vous me croyez donc bien intéressé?...

BRIÈRE.

Non, mais je ne te crois pas encore assez extravagant...

ADRIEN, s'animant par degrés.

Comme vous voudrez... mais je n'aurai jamais d'autre femme que Louise!...

BRIÈRE.

D'accord... tu ne te marieras pas.

ADRIEN.

Je la demanderai aujourd'hui même...

BRIÈRE.

Et si je refuse mon consentement?...

ADRIEN.

Eh bien!... mon oncle... vous l'aurez voulu... oh!... ça me coûtera!... mais.... mais je m'en passerai.

BRIÈRE.

Et si je te chasse de chez moi, si je te déshérite!...

ADRIEN.

Vous en êtes le maître.

BRIÈRE.

Ah!... tu me braves!... tu fais de l'héroïsme!... Morbleu!

SCÈNE II.

LES PRÉCÉDENTS; MÉDARD, une lettre à la main.

MÉDARD.

Monsieur?

BRIÈRE.

Qu'y a-t-il, Médard?

MÉDARD.

C'est mademoiselle Rosalie...

BRIÈRE.

Ah! bon!... (bas.) j'y vais.

MÉDARD.

Non... pardon... nous ne nous entendons pas... c'est mademoiselle Rosalie qui vient d'envoyer un commissionnaire, en disant que c'était très pressé et qu'il n'y avait pas de réponse...

BRIÈRE.

De réponse à quoi?

MÉDARD.

A cette lettre...

BRIÈRE, la lui arrachant.

Une lettre!... eh! donne donc... (A part.) Rosalie qui m'écrit!... ça doit être cocasse!... voyons... (Il lit.) Ah! mon Dieu!... ça n'est pas possible... je ne souffrirai pas...

ADRIEN.

Cette agitation... que vous arrive-t-il? qu'avez vous, mon oncle?

BRIÈRE.

J'ai!... j'ai.... ça ne vous regarde pas, monsieur... réfléchissez à ce que je vous ai dit, aux inconveniens, aux tracas inséparables du mariage... (A part.) Rosalie!... elle!... c'est à n'y pas croire!...

ADRIEN.

Mon oncle!...

BRIÈRE.

Et si vous passez outre, je ne vous reverrai de ma vie...

ADRIEN.

Pardon, mon oncle... mais...

BRIÈRE.

De ma vie!... je vous le dis de sang-froid... (A part.) J'en perdrai la tête!... (haut, en sortant.) de ma vie!...

SCÈNE III.

ADRIEN, MÉDARD.

ADRIEN.

Ah çà!... à qui en a-t-il, Médard?... que lui est-il arrivé? tu ne sais pas?

MÉDARD.

Je ne sais pas... c'est une question.

ADRIEN.

Eh bien!... il ne s'agit de rien de grave?... d'aucun malheur?...

MÉDARD.

Aucun malheur... ça vous est facile à dire...
quand depuis dix-huit mois on s'est accoutumé...
car ça a bien duré dix-huit mois cette fois-ci.

ADRIEN.

Comment, mon oncle ?...

MÉDARD.

Écoutez-donc, il est encore très jeune, pour
la cinquantaine... et puis, faut être juste, mam'-
selle Rosalie, la plus jolie petite blanchisseuse de
fin... si fraîche, si avenante....ma foi comme....
oh non!... non!... parce que celle-là, il n'y a
pas sa pareille dans le quartier, ni dans l'univers...

AIR du Premier prix.

Enfin, à mam'sell' Rosalie
Monsieur t'nait beaucoup, entre nous,
Ça pouvait durer tout' sa vie :
Car en prenant d'l'âg', voyez-vous,
Il avait pris, sans plus attendre,
D' la constance, au point d' m'étonner.
Ah! c'est bien dommag' que d'en prendre
Ne suffis' pas pour en donner.

Bref, elle le fait prévenir qu'elle renonce... à sa
pratique.

ADRIEN.

Vraiment !

MÉDARD.

Attendu qu'elle va se marier, et qu'elle ne peut
plus l'écouter...

ADRIEN.

C'est donc cela... mon pauvre oncle !...

MÉDARD.

Oui... il est à plaindre... bien qu'au fond, ça
ne soit que pain bénit, parcequ'il a trompé
cette jeune fille avec des promesses de mariage...
un tas d'enjôlements... mais, pas moins, je le
plains malgré tout... parce que d'abord, un si
brave homme en tout le reste, si généreux, qui
a nourri dix ans mon pauvre père infirme... oh
ça, c'est resté là!... et puis tenez, Monsieur
Adrien, quand le malheur veut qu'on *soie* a-
moureux! c'est des souffrances, des crispa-
tions!... A propos de ça... c'est-à-dire, non, ce
n'est pas à propos de ça du tout... car je vous
demande qui oserait être amoureux de Pauline?
une pauvre jeune fille si simple, si innocente, et
qui sans vous pouvait courir tant de dangers!...

ADRIEN.

Ne parlons pas de ça...

MÉDARD.

Si, monsieur, si...un trait superbe, dont j'avais
besoin de vous remercier; car elle m'a conté ça
hier, pendant que je l'aidais à emballer les af-
faires de sa maîtresse qui part pour la campagne...

ADRIEN.

Mon Dieu, ce que j'ai fait est si simple...

MÉDARD.

Pas tant, monsieur... jolie comme elle est, et
sans défense... dam'... un autre que vous aurait

pu avoir des idées... il y a tant d'égoïstes !... au
lieu de ça, vous lui avez procuré une place
superbe...

ADRIEN.

Qu'elle doit moins à moi qu'à son cousin,
par qui je l'ai connue.

MÉDARD, d'un air contrarié.

Elle a un cousin ! ah diable !

ADRIEN.

Qu'est-ce que ça te fait?

MÉDARD.

Ah! rien, au fait.. il n'y a pas de mal à avoir
des cousins, pourvu qu'on n'en abuse pas.

ADRIEN.

C'est le fils d'un ancien ouvrier de mon père,
Anatole Gorfa, qui s'est lancé, qui est devenu
commis-voyageur. Je l'avais perdu de vue,
quand, il y a six mois, il m'écrit, me demande
de chercher parmi mes connaissances, une place
pour sa cousine, pauvre jeune fille, restée or-
pheline ; tout mon mérite s'est borné à parler
d'elle à madame Dembrun, la femme du cour-
tier de Bourse qui demeure ici dessus, et comme
elle cherchait justement une ouvrière... du reste,
c'est à peine si j'ai entrevu trois ou quatre fois
ma protégée.

MÉDARD.

Vous faites bien, monsieur, c'est plus pru-
dent.

ADRIEN, tirant sa montre, à lui-même.

Mais j'oublie... l'heure où m'attend Louise...
(Haut.) Médard ?

MÉDARD.

Monsieur ?

ADRIEN.

Si mon oncle s'informe de moi en rentrant,
tu lui diras que je suis allé où il sait bien.

SCÈNE IV.

MÉDARD.

Comment, je dirai à son oncle qu'il est allé
où il sait bien ? s'il le sait, il est parfaitement
inutile que je le lui dise, sur-tout puisqu'il parait
que ça doit les brouiller ensemble... car moi
qui aime tant M. Adrien, qui lui suis si dévoué,
ne fût-ce que parceque c'est à lui que je dois
de connaître Pauline... Ah! Pauline! Dire que
je l'ai vue arriver ici, pauvre petite paysanne,
bien gauche, bien naïve, et que malgré ça je
tremble toujours devant elle; au fait, comme
devant toutes les femmes ; car c'est vrai, il n'y
en a pas une à qui j'aie osé parler d'amour; non,
pas une seule, depuis que j'ai l'âge de connaissance ; et certainement ce n'est pas par Pauline
que je commencerais : je l'aime trop pour ça...
pourvu que j'attrape d'elle de temps en temps
un regard, un sourire, ça me suffit; je crois
que si un jour elle me donnait seulement sa
main à baiser, oh! alors !... je n'aurais plus

rien à désirer... tiens... (on sonne.) sa main à baiser... ô Dieu! ce serait du bonheur pour le restant de mes jours!... (On sonne encore.) On y va!.. sont-ils pressés!...

SCÈNE V.

MÉDARD; PAULINE, tenant des paquets et des cartons.

MÉDARD.

Ah!... est-il possible?... c'est vous, vous, mademoiselle Pauline!

PAULINE.

Bonjour, monsieur Médard.

MÉDARD.

Comment?...vous venez ici... de vous-même!.. et sans effort... ah! si j'avais su... j'aurais couru ouvrir... car, ce qui fait que je vous ai laissée une heure à la porte...c'est que j'étais là... à penser à vous.

PAULINE.

Vraiment!... comme ça se trouve!... moi qui viens vous demander un service.

MÉDARD.

Un service!... deux, trois, tant qu'il vous en faudra... plus vous m'en demanderez, plus je vous devrai de reconnaissance... enfin!... enfin donc!... vous ne me refusez plus... mieux que ça... vous vous adressez à moi... encore de vous même et sans... ah! mon Dieu! mon Dieu!... quel bonheur!... et sur-tout pendant que mon maitre est sorti...

PAULINE.

Ah! il est sorti, M. Brière?

MÉDARD.

Oui, il n'y a pas deux minutes, est-ce heureux!... ainsi, voyons, dépéchez - vous... de quoi s'agit-il?... Ah! çà mais, j'y pense, ces paquets, ces cartons, qu'est-ce que ça veut dire?

PAULINE.

Ça veut dire que je suis seule, abandonnée, sans place.

MÉDARD.

Ah bah!... vous me portez là un coup...Comment, madame Dembrun?...

PAULINE.

Partie avec son mari, cette nuit même, pour Bruxelles, à ce qu'on croit, sans rien dire.... et ce matin je n'ai plus trouvé personne.

MÉDARD.

Parti! un homme de Bourse, ça ne s'est jamais vu! et sans vous payer vos gages peut-être?

PAULINE.

Hélas! oui.

MÉDARD.

C'est ça!... il vous aura considérée comme une cliente!... quelle horreur!... et qu'est-ce que vous allez devenir?...

PAULINE.

Oh!... si j'osais vous faire part d'un petit espoir que j'ai...

MÉDARD.

Vous avez un petit espoir?

PAULINE.

Faut-il le dire?...

MÉDARD.

Sans doute.

PAULINE.

Toutes les fois que je rencontre sur l'escalier M. Brière...

MÉDARD.

Mon maître...

PAULINE.

C'est toujours de sa part un sourire, un geste de bienveillance; souvent même il ne dédaigne pas de s'arrêter pour me dire quelque mots; et il en dit de si bons, de si aimables!

MÉDARD, hochant la tête.

C'est égal... mon maitre... voyez-vous, mam'selle, ne faut pas compter sur lui...

PAULINE.

Vous croyez?... il a l'air si obligeant!

MÉDARD.

Oui... il a l'air... ce n'est pas ça qui lui manque...

PAULINE.

Il m'a vingt fois répété qu'il se ferait un plaisir de me rendre service dans l'occasion; que si j'avais jamais besoin de protection, je ne devais pas manquer de réclamer la sienne, qu'il me l'accorderait tout de suite.

MÉDARD.

Parbleu!...

PAULINE.

Eh bien!... alors...

MÉDARD.

Alors, raison de plus pour qu'il ne faille pas...

PAULINE.

Et pourquoi donc? quel inconvénient y aurait-il?...

MÉDARD.

Il y aurait que... que... (A part.) Mon maître... mon bienfaiteur!... je ne peux pourtant pas aller dire...

PAULINE.

Voyez donc... lui qui a de si belles connaissances, il me placerait peut-être...

MÉDARD.

Sans doute... mais... mais... si vous mettez en moi votre confiance, suivez au moins le premier conseil que je vous donne... ne restez pas ici.

PAULINE.

Comment, vous me renvoyez!...

MÉDARD.

Ah!... Dieu!... oh!... non, mam'selle... seulement, je vous engage à vous en aller le plus

tôt possible, avant que..... parceque..... (*Voyant
entrer Brière.*) Bon !... le voila !!!...

(Il se place vivement devant Pauline.)

* * *

SCÈNE VI.

BRIÈRE, MÉDARD, PAULINE.

BRIÈRE , *sans voir Médard ni Pauline.*

La perfide! après huit mois!... c'est affreux!...
c'est à me faire renoncer à toutes les femmes,
et... (*Apercevant Médard qui cherche à faire esquiver
Pauline.*) Qu'est-ce que tu fais là ?...

MÉDARD et PAULINE.

Monsieur...

BRIÈRE , *apercevant Pauline.*

Ah ! la jeune ouvrière !... ah çà, pourquoi ce
trouble ?..... Apparemment, j'ai interrompu
quelque tête-à-tête amoureux...

MÉDARD.

Mais, monsieur...

BRIÈRE.

Mais... c'est fort bien !... à merveille!... Ainsi,
vous profitez de mon absence pour donner des
rendez-vous chez moi, dans mon appartement...
pour y attirer vos conquêtes... et séduire peut-
être une jeune imprudente... c'est d'une immo-
ralité!...'

MÉDARD , *en colère.*

Je vous demande pardon, monsieur... mais
je ne séduis personne... et encore moins mademoiselle Pauline.

AIR : *On dit que je suis sans malice.*

Apprenez qu' c'est une honnêt' fille,
Encor plus sag' qu'ell' n'est gentille,
Et qui n'mérit' pas, Dieu merci,
Qu'on s'en vienn' la traiter ainsi.

BRIÈRE , *impatienté.*

Ah ! morbleu !

MÉDARD.

Faites-vous rendre un compt' fidèle ;
Dans l'quartier jamais on n'parl' d'elle.
Or, c'est clair, ceux dont on n'dit rien ,
C'est qu'on n'en peut dir' que du bien.

BRIÈRE.

A la bonne heure... mais...

MÉDARD.

Voyez seulement comme elle est interdite...
Ah ! c'est que vous l'avez humiliée, monsieur,
vous l'avez blessée..... c'est mal. ... c'est bien
mal!...

BRIÈRE.

Allons !... allons !... j'ai eu tort, (*à Pauline.*)
et nous réparerons cela, mon enfant... une contrariété, un peu d'humeur... il ne faut pas m'en
vouloir.

PAULINE.

Oh ! monsieur... vous êtes trop bon... c'est
moi qui vous demande pardon d'être venue
vous importuner... et je vais...

(Fausse sortie.)

BRIÈRE , *la retenant.*

Comment, comment, c'est pour moi que
vous veniez ici? Alors vous avez très bien fait...
Voyons, de quoi s'agit-il ?

MÉDARD.

Oh ! monsieur... ce n'est pas la peine...

BRIÈRE.

Pourquoi ça ?...

MÉDARD.

C'est un refus que je vous évite...

BRIÈRE , *regardant Pauline.*

Un refus! pourquoi ?

MÉDARD , *hésitant.*

Monsieur...

BRIÈRE , *s'impatientant.*

Ah ! voyons...

MÉDARD.

Eh ! mon Dieu !... c'est que mademoiselle
Pauline... se trouve... sans place... voilà tout...

BRIÈRE.

Ah ! ah ! pauvre petite !...

MÉDARD

Et comme vous n'avez besoin de personne, je
lui disais que...

BRIÈRE.

Que... vous êtes un imbécille, ou plutôt un
envieux... aller dire que je n'ai besoin de personne ! Vous avez craint que cette petite ne vous
supplantât, ne vous prît une part des bénéfices
que vous trouvez chez moi; et vous mérite-
riez...

MÉDARD.

Dieu !... si on peut dire ! Ah ! mademoiselle
Pauline, n'allez pas croire...

BRIÈRE.

Paix !... (*A Pauline.*) Mon enfant, ma chère
enfant ! .. c'était pour entrer chez moi... c'est
bien... très bien... justement... j'y pense...

MÉDARD.

Monsieur ?...

BRIÈRE , *cherchant.*

Depuis long-temps j'avais besoin de quelqu'un
pour...

(Il hésite.)

MÉDARD.

Pour ?...

BRIÈRE , *après avoir encore hésité.*

Soigner mon linge, (**A Médard** *d'un ton de reproche.*) qui est dans un état affreux... Ce n'est
pas un reproche que je te fais... il n'y a que les
femmes pour cela. (**A Pauline.**) Ainsi, mon enfant, voilà qui est convenu, je vous arrête...
vous fixerez vous-même vos petits intérêts... il
n'y aura pas de difficulté là-dessus... (*S'adressant
tour-à-tour à Médard et à Pauline.*) Vous donnerez la
chambre bleue à mademoiselle... à Pauline...
car vous voilà maintenant de la maison... et si
ce drôle-là n'y met pas de bonne volonté... que je
l'apprenne !... tu entends... Au revoir, mon enfant, au revoir...

(Il sort.)

SCÈNE VII.

MÉDARD, PAULINE.

MÉDARD, *se croisant les bras.*

Eh bien !

PAULINE.

Air : *J'en guette un petit de mon âge.*

Ah ! pour moi quel bonheur extrême !
Est-ce un rêve ? m'entendre offrir
Une faveur dont je n'aurais pas même
Osé concevoir le desir.
Sous son appui le ciel prend ma misère ;
En ce moment, je ne lui demandais
Qu'un asile, pour tous bienfaits :
Et sa bonté m'envoie un père !

MÉDARD.

Un père !... cette idée à présent !... mais vous n'avez donc pas remarqué sa contrariété quand il vous croyait là pour moi ; et puis, tout de suite, cette joie de vous savoir sans place...

PAULINE.

Justement... ça lui faisait de la peine de me trouver en faute : et il se réjouit de reconnaitre mon innocence, et de me secourir... Qu'est-ce qu'un père pourrait faire de mieux ?...

MÉDARD.

Mais, enfin, ces attentions qu'il vous avait déjà montrées... ces causeries qu'il a eues avec vous...

PAULINE.

Oui, je vous l'ai dit... des conseils, des paroles de bienveillance, comme on en adresserait à sa fille...

MÉDARD.

Ainsi, vous accepterez ?

PAULINE.

Et pourquoi donc refuserais-je ?

MÉDARD.

Pourquoi ?... pourquoi ?...

PAULINE.

Sans doute...car le bon curé de notre village, qui m'a élevée dès l'enfance, m'a appris à respecter, à aimer mes supérieurs ; ainsi à moins que vous ne me donniez des raisons...

MÉDARD.

Pardine !... ça me serait bien aisé... si ça m'était possible... Mais enfin, mademoiselle, rapportez-vous-en à moi... et quand c'est un ami qui prend sur lui de vous mettre à la porte...

PAULINE.

Prenez-y garde... je vais finir par croire ce que M. Brière disait tout-à-l'heure.

MÉDARD, *d'un ton de dépit, et pleurnichant par degrés jusqu'à la fin de la tirade.*

Quoi ?... que je suis un envieux ?... par exemple !... Ah ! fi ! fi !... mademoiselle... Mais regardez-moi donc !... est-ce que j'en ai la mine, moi ? Ce que j'en ai dit... c'est par zèle, par

dévouement, et on me soupçonne !...... Ah ! ça fait bien mal, allez !...

PAULINE, *un peu émue.*

Médard...

MÉDARD.

Non, non, c'est fini, mam'selle... je ne dirai plus rien à l'avenir : je me couperais plutôt la langue pour m'apprendre à parler. Vous pouvez bien entrer ici, vous y installer, où et tant qu'il vous plaira... s'il n'y a que moi qui vous en empêche... Venez, venez, mademoiselle, je vous ouvrirai les portes, je vous les ouvrirai toutes grandes... venez-vous ?...

PAULINE, *à part, avec étonnement.*

Mais, qu'est-ce qu'il a donc ?

SCÈNE VIII.

LES MÊMES, ADRIEN.

ADRIEN.

Médard, mon oncle est-il rentré ?

MÉDARD.

Oui, monsieur...

ADRIEN.

Il ne m'a pas demandé ?

MÉDARD.

Non, monsieur...

ADRIEN, *se retournant et voyant Pauline.*

Eh ! mais..... vous ici, Pauline..... par quel hasard ?...

PAULINE.

Un hasard bien heureux pour moi, monsieur ; je suis destinée à être la protégée de toute la famille... car j'entre chez M. Brière...

ADRIEN.

En effet, je viens d'apprendre que les Dembrun... et c'est mon oncle qui vous prend... ah ! mon enfant, j'en suis enchanté...

MÉDARD, *à part.*

Oui... il y a de quoi... pauvre fille !

ADRIEN.

Et vous entrez aujourd'hui ?...

PAULINE.

Tout de suite, monsieur... car j'attends que monsieur Médard veuille bien m'indiquer ma chambre...

MÉDARD.

Venez, mam'selle... je vais vous aider...

(*Il va pour prendre les cartons et les paquets de Pauline.*)

PAULINE.

Oh, non !... ce n'est pas la peine... si vous voulez seulement me dire...

MÉDARD.

Tenez... là... dans ce *colidor*... la seconde porte à droite... la clef est après.

PAULINE.

Merci !...

(*Elle entre avec son bagage.*)

MÉDARD, *la suivant des yeux.*

Prenez garde de tomber !... quand on ne voit pas clair ! (*Revenant avec un grand soupir.*) Ah !

SCÈNE IX.

ADRIEN, MÉDARD.

ADRIEN.

Qu'est-ce que ça signifie, Médard ?... Comment, tu vas avoir une aide, une compagne, et on dirait que cela te chagrine !...

MÉDARD.

Oh, oui !...

ADRIEN.

Ça m'étonne !... je ne te croyais pas envieux.

MÉDARD.

Envieux !... bon !... encore un !... Il semble que tout le monde s'entende pour dire de même !...

ADRIEN.

Écoute donc, autrement qu'est-ce que cela te ferait ?...

MÉDARD.

Ce que cela me ferait... j'en deviendrai fou... ou bête !... ce que cela me ferait !... mais, monsieur, je l'aime, moi, cette jeune personne !

ADRIEN.

Eh bien ?

MÉDARD.

Eh bien !... moi qui n'oserais pas tant seulement lui dire une douceur, ou lui prendre la main... voir sans cesse auprès d'elle mon maître...

ADRIEN.

Ah !... il est trop galant homme...

MÉDARD.

Voilà le malheur... sans ça, sans ce que je lui dois... la pension qu'il a faite à mon vieux père, et l'argent qu'il a donné pour me racheter de la conscription, pour me faire apprendre tout ce que je sais... je ne sais rien... mais c'est égal, ce n'est pas la faute du maître d'école, ni la sienne... et c'est après ça que je viendrais dire que M. Brière n'est pas un galant homme !.. O Dieu !... j'aurais de la fortune, monsieur Adrien, j'aurais un secret où il irait de ma vie, que je le lui confierais sans hésiter... Mais ce que je ne lui confierais pas, ça serait ma sœur ; si j'en avais.

ADRIEN.

Allons... allons... tu exagères... Mais, dans tous les cas, j'aurai peut-être bientôt une garantie à te donner.

MÉDARD.

Et comment ça ?...

ADRIEN.

Je vais me marier.

MÉDARD.

Vous, monsieur ?

ADRIEN.

Oui... et comme mon oncle s'est fâché à la perspective de notre séparation, il s'apaisera,

car ma Louise est si bonne... par tendresse pour moi, elle a supplié sa mère de la conduire chez lui ce matin même... pour lui faire une offre qui le touchera sans doute.

MÉDARD.

Laquelle ?

ADRIEN.

C'est de loger tous ensemble... et quelle joie pour moi ! ne pas laisser mon oncle dans l'isolement, lui rendre sur ses vieux jours les soins qu'a reçus de lui ma jeunesse ; en un mot, lui faire trouver dans le célibat tous les avantages du ménage le plus heureux... ainsi, tu vois, Pauline sera ici sous la protection et la surveillance de ma femme ; et j'espère qu'alors...

MÉDARD, avec enthousiasme.

Oh alors !... pardi !... je crois bien... votre femme !... mademoiselle Pauline... mon Dieu !... mon Dieu !... que vous faites bien de vous marier ! si je puis vous être bon à quelque chose...

ADRIEN.

En effet... des papiers nécessaires à mon mariage, qui sont déposés chez le notaire de notre famille...

MÉDARD.

M. Delorme ?

ADRIEN.

Justement. Fais-moi le plaisir d'aller de ma part les demander à Renaud, le premier clerc, pendant que je profite du retour de mon oncle, pour aller prendre ces dames, et les amener ici... Sur-tout, ne tarde pas.

MÉDARD.

Soyez tranquille... (Très vivement à Pauline qui rentre.) Ah ! mam'selle Pauline... venez, venez donc !

SCÈNE X.

LES MÊMES, PAULINE.

PAULINE, tressaillant.

Eh ! mais.... qu'y a-t-il, monsieur Médard ?... Vous m'avez fait une peur...

MÉDARD.

Du tout... il ne faut plus... ce n'est plus la peine !... Tout ce que vous ai dit, n'y faites pas attention ; oubliez-le ; vous pouvez rester ici maintenant.

PAULINE.

Ah ! monsieur le permet... c'est heureux !...

MÉDARD.

C'est-à-dire que c'est d'un bonheur !... si vous saviez !...

ADRIEN, bas à Médard.

Paix donc !... avant que j'aie vu mon oncle...

MÉDARD.

Ah ! c'est juste...

PAULINE.

Eh bien !... quoi donc ?..

MÉDARD.

Rien !... rien !...

(A Adrien.)

Air : Ici nous accourons (de L'HOMŒOPATHIE.

Je n' perds pas un instant,
Je cours faire votre message.
Plus que vous, maintenant,
Je desire ce mariage.

PAULINE, à Médard.

Mais de langage pourquoi
Changer si vite avec moi ?

MÉDARD.

J' vous confierai ce s'cret-là
Dès que tout l' monde l' saura.

ENSEMBLE.

MÉDARD.

Je n' perds pas un instant, etc.

ADRIEN.

Mon oncle en vain prétend
S'opposer à mon mariage.
Son bon cœur m'est garant
Qu'il pourra changer de langage.

PAULINE, à Médard.

Mais dites-moi, vraiment,
D'où vous vient cet heureux présage,
Et qui, si brusquement,
Vous a fait changer de langage.

(Adrien et Médard sortent.)

SCÈNE XI.

PAULINE.

Ce pauvre Médard !... je ne l'ai jamais vu ainsi, et je ne conçois rien ni à sa peur de tout-à-l'heure, ni à sa joie de maintenant... Après tout, qu'importe ? ce qu'il y a de sûr, c'est que je vais avoir une bonne place... et puis je ne travaillerai plus sans cesse à ces riches toilettes, à ces robes de bal, qui vous donnent des regrets d'être pauvre.

Air de Paris et le village.

Oh ! oui !... c'est beaucoup trop, hélas !
Exiger d'une jeune fille
Qui n'a d'autre bien, ici bas,
Que le travail de son aiguille.
Comment veut-on que toujours elle ait fui
Pour elle la coquetterie,
Quand on lui fait préparer pour autrui
Ce qui la rendrait si jolie !

Non !... je ne dois avoir qu'un desir... c'est de ne jamais oublier les leçons du digne homme qui m'a élevée... il m'aimait tant !... il me disait quelquefois : « Ma pauvre enfant ! si c'était permis à un prêtre... je t'adopterais. » Hélas !... j'aurais été trop heureuse... et jamais... ah ! bah ! qui sait ?... pourquoi ne pas espérer ? en entrant ici, le cœur me battait avec une force !... au fait, les paroles de bonté que M. Brière m'a adressées tant de fois, ses offres de protection,

la manière dont il vient de les tenir... il y a là quelque chose qui n'est pas ordinaire... mon Dieu !... si ce que n'a pu faire notre curé, il y songeait, lui !... s'il allait m'adopter... dam !... on dit que ça s'est vu... ah !... quel bon père j'aurais là !...

SCÈNE XII.

BRIÈRE, PAULINE.

BRIÈRE.

Ah !... ah !... ma petite Pauline que voilà... eh bien, mon enfant ?... sommes-nous installée ?...

PAULINE.

Oui, monsieur... combien je vous remercie !

BRIÈRE.

Me remercier !... attendez donc au moins que j'aie fait quelque chose pour vous.

PAULINE.

Oh ! monsieur...

BRIÈRE.

La chambre que je vous ai donnée est un peu dégarnie... c'était une chambre d'ami, et à Paris ça ne sert pas souvent... vous serez mieux logée cet été à ma campagne... en attendant, je vous ferai mettre ici une toilette et une glace...

PAULINE.

Ah ! monsieur, une pauvre fille comme moi n'a pas besoin de tout cela.

BRIÈRE.

Si... si... je veux que les personnes qui tiennent à ma maison y soient bien... j'exige sur-tout qu'elles soient toujours dans une tenue convenable.

PAULINE.

Ça suffit, monsieur.

BRIÈRE.

Ainsi, je vous enverrai demain une couturière : vous lui commanderez tout ce qu'il faudra.

PAULINE.

Quoi, monsieur ?... mais non... pardon...

BRIÈRE.

Quand je vous dis que c'est pour moi, pour l'honneur de ma maison...

PAULINE.

Ah !... si c'est pour l'honneur...

BRIÈRE.

Oui, oui... et surtout n'épargnez rien.

PAULINE.

Je vous obéirai, monsieur.

BRIÈRE.

C'est bien !... passons à autre chose... (Il s'assied sur le canapé.) mais comme j'ai de longues instructions à vous donner... je viens de courir... Ah çà ! Pauline, vous avez été bien élevée, je pense... ça se voit à votre air.

PAULINE.

Vous êtes bien bon, monsieur... le peu que

je sais, c'est le curé de notre village qui me l'a
appris...

BRIÈRE.

Je disais aussi... vous n'êtes pas faite pour la
position où vous vous trouvez : raison de plus
pour vous traiter avec égards... (montrant la
place à côté de lui.) ainsi comme j'ai encore beaucoup de choses à vous dire, si vous voulez vous
asseoir...

PAULINE.

Merci, monsieur... je ne suis pas lasse.

BRIÈRE.

Bien !... bien !... soit; comme il vous plaira...
je disais donc...qu'est-ce que j'allais vous dire?...
ah !... de rester autant que posssible à la
maison... oh! cela, j'y tiens... il y a tant d'écueils
dans Paris pour une jolie fille!... et... vous êtes
si jolie !...

PAULINE.

Mon Dieu, monsieur, si vous le desirez je ne
sortirai jamais... je n'y tiens pas, je vous assure.

BRIÈRE.

Vous êtes charmante : je n'ai jamais vu une
personne d'une docilité aussi parfaite.

PAULINE.

Quand on demande des choses aussi faciles!...

BRIÈRE.

Attendez... je n'ai pas fini...

PAULINE.

Ah ! il y a encore une autre recommandation?

BRIÈRE.

Oui, oui... encore une autre... je vous semble
bien exigeant?

PAULINE.

Ah monsieur!...

BRIÈRE.

Que voulez-vous?... avant de s'engager à
rester ensemble, il faut faire toutes ses con-
ditions.

PAULINE.

Oui, monsieur... c'est trop juste...

BRIÈRE, lui montrant encore la place qui est à côté de
lui.

Mais dites-moi, tenez... ne pourriez-vous pas
vous asseoir?... c'est si fatigant de lever toujours
la tête pour causer!

PAULINE, prenant une chaise.

Oui, monsieur... si vous permettez...

(Elle se place à l'autre bout du théâtre.)

BRIÈRE.

Vous ne connaissez personne à Paris?

PAULINE.

Personne.

BRIÈRE.

Par conséquent, vous ne recevrez jamais de
visite?

PAULINE.

Jamais... ah !...

BRIÈRE.

Ah !... vous vous rappelez quelqu'un.

PAULINE.

Oui... oui... monsieur...

BRIÈRE.

Une parente?...

PAULINE.

Non... non , monsieur...

BRIÈRE.

Une amie... (Pauline fait signe que non.) ah! je
comprends... c'est un parent ?

PAULINE.

Un cousin...

BRIÈRE.

Ah diable !... (à part.) je n'ai jamais aimé les
cousins.

PAULINE.

Mon seul parent, monsieur... pour le moment, il voyage; mais à son retour, j'espère
bien qu'il viendra me voir... et comme il sera
reconnaissant de ce que vous faites pour moi!...

BRIÈRE, inquiet.

Il n'y a pas de quoi, mon enfant... (Après un
peu d'hésitation.) Ah çà... vous... l'aimez donc?

PAULINE.

Mon cousin? dam !... c'est mon seul parent.

BRIÈRE.

Et lui... vous aime-t-il?...

PAULINE.

Moi?... mais je... j'ignore... je crois qu'il ne
s'est jamais occupé de moi... que pour me placer.

BRIÈRE.

Ah !... c'est parce qu'il s'est intéressé à vous
que vous l'aimez?...

PAULINE.

Oui, monsieur... c'est bien naturel.

BRIÈRE.

Ainsi vous aimez tous ceux qui vous veulent
du bien?

PAULINE,

A moins d'être une ingrate...

BRIÈRE , rassuré.

Oui, oui, mon enfant, il faut être recon-
naissante... O Dieu !... la reconnaissance!... c'est
une si belle vertu!... c'est-à-dire que c'est la
vertu par excellence, la première de toutes,
celle que l'on doit pratiquer de préférence à
toutes les autres!... eh bien... si je peux faire
quelque chose pour votre cousin...

PAULINE , se levant avec élan.

Ah! que vous serez bon!...

BRIÈRE.

Plaît-il ?...

PAULINE, embarrassée de sa vivacité.

Je dis que... monsieur... est d'une bonté !...

(Elle se rassied.)

BRIÈRE.

Ah!... bien !... c'est que... c'est que parler de
si loin... forcés de crier pour s'entendre... est-
ce que vous trouvez cela commode?... tenez...
approchez-vous... un peu... que nous causions
de votre cousin... là... un peu plus près... là...
à la bonne heure!... (Pauline a rapproché sa chaise
du canapé.) Le cousin est jeune?

PAULINE.

Oui, monsieur... vingt-cinq ans...

BRIÈRE, contrarié.

Ah!... et que fait-il?

PAULINE.

Il est commis-voyageur...

BRIÈRE, satisfait.

Ah!... ça se trouve bien!... j'ai des amis dans le commerce... nous le pousserons... quelques belles commissions... (à part.) un peu loin...

PAULINE.

Que de générosité!... et comment m'acquitter envers vous?

BRIÈRE.

Oh! cela ne vous sera peut-être pas si difficile que vous pensez... et puisque vous aimez tant à parler de votre famille... nous en parlerons... tous les jours... comme en ce moment... si cela ne vous ennuie pas.

PAULINE.

Oh! bien au contraire, monsieur!... mais c'est que pendant ce temps-là, je ne ferai rien.

BRIÈRE.

Pourquoi donc?... qui vous empêchera de prendre votre ouvrage avec vous, quelque tapisserie, quelque broderie, pour y travailler tout en causant?.... seulement par exemple, si vous vouliez m'être agréable...

PAULINE.

Oh! de tout mon cœur!

BRIÈRE.

Vous viendriez là... tout près de moi... j'ai l'oreille un peu dure... et si je ne suis pas très près quand on me parle... ça m'oblige de prêter une attention qui me fatigue... eh bien?

PAULINE, embarrassée.

Monsieur...

BRIÈRE.

Venez donc...

PAULINE, sans bouger.

Oui, oui, monsieur...

BRIÈRE, avec beaucoup de douceur.

Est-ce que je vous fais peur?...

PAULINE.

Oh non! monsieur... d'ailleurs, que craindrais-je?...

BRIÈRE.

Sans doute, allons.... (Pauline apporte sa chaise tout contre le canapé, mais elle se tient le plus loin possible de Brière.) Est-elle timide, cette jeune fille!... voyez donc cette rougeur qui lui est montée tout d'un coup au visage... et ces grands yeux baissés... ça lui va!... deux fois plus jolie!...

PAULINE, se levant fort émue.

Monsieur!...

BRIÈRE, lui prenant la main et la faisant rasseoir.

Rassurez-vous donc mon enfant... vous ne savez pas quel ami vous trouvez en moi... et c'est tout simple... nous autres vieux garçons, nous

avons besoin qu'un ange, un bon petit ange veille autour de nous... entourés de gens qui ne nous aiment que pour notre fortune, nous sommes si heureux de rencontrer quelqu'un qui veuille bien nous aimer pour nous-mêmes... une petite femme douce et avenante, qui sache nous distraire, partager, aimer notre solitude, et qui en revanche accepte notre protection, notre amitié, nos...

ADRIEN, en dehors.

Pardon!.... un instant.... (Ouvrant la porte.) Que vois-je?...

BRIÈRE, se levant vivement.

Qu'est-ce que c'est?

SCÈNE XIII.

LES MÊMES; ADRIEN, entrant par le fond.

ADRIEN.

Mon oncle! (Avec étonnement.) Ah! je ne croyais pas vous déranger.

BRIÈRE.

Me déranger!... qu'entendez-vous par-là?... qui est-ce qui vous dit que vous me dérangez?

ADRIEN.

C'est que... je venais vous parler d'une affaire qui m'intéresse, et j'ai mal choisi mon moment.

BRIÈRE.

Pourquoi donc?... pourquoi ça?...

ADRIEN.

Permettez que je me retire...

BRIÈRE.

Un instant... pas sans m'expliquer... (Voyant entrer Médard.) Allons, Médard, à présent!... (A Médard.) Que veux-tu aussi, toi?...

SCÈNE XIV.

LES MÊMES; MÉDARD, des papiers à la main.

MÉDARD.

Ce sont des papiers que M. Adrien m'a envoyé chercher pour son mariage.

BRIÈRE.

Son mariage!... plaît-il?... (A Adrien.) Vous persistez?...

ADRIEN.

Oui, mon oncle...

MÉDARD, à Brière.

Comment, monsieur, vous ne savez pas?... moi, en voyant ces dames au salon, j'ai cru que tout était arrangé...

BRIÈRE.

Des dames!... quelles dames?...parlez donc!...

ADRIEN.

Ma belle-mère et ma femme futures.

BRIÈRE.

Une femme!... une belle-mère!... et les ame-

ner chez moi encore!... c'est donc pour me braver...

MÉDARD.

Au contraire... pour vous faire la proposition
la plus amicale...

ADRIEN, voulant imposer silence à Médard.

Médard !..

BRIÈRE.

Une proposition?...

MÉDARD.

Celle de loger tous ensemble...

BRIÈRE.

Vraiment !

PAULINE.

Quel bonheur !...

BRIÈRE, à Adrien.

Fort bien !... ce n'est pas assez de me désobéir; monsieur veut que ce soit moi qui lui
cède... installer ici sa femme !... et pourquoi?...
pour me circonvenir... me faire la loi dans ma
propre maison !...

ADRIEN, avec intention en regardant Pauline.

Non, mon oncle... j'ai renoncé à mon projet...
j'ai vu trop clairement qu'il est impossible...

TOUS LES AUTRES.

Impossible !

BRIÈRE.

Fort bien, monsieur, je vous comprends :
autre impertinence !

MÉDARD.

Votre projet impossible? pourquoi, en disant
ça, regardiez-vous mam'selle Pauline?

PAULINE, à Adrien.

Qu'entends-je?... mon Dieu! monsieur? ai-je
le malheur d'être la cause qui vous éloigne de
chez votre oncle? ah! s'il en est ainsi, dites-le,
dites-le sur-le-champ, et je n'hésite pas... dus-
sé-je rester sans asile, je vais...

ADRIEN.

Mademoiselle.

MÉDARD.

Mam'selle...

BRIÈRE, retenant Pauline.

Par exemple!... Pauline!... eh bien !... il ne
manquerait plus que ça... venir chasser de chez
moi ceux qu'il me plaît d'y recevoir... et pourquoi? dans quel but?... un complot, sans doute,
une spéculation sur mon héritage !...

ADRIEN, avec explosion.

Ah ! mon oncle...

BRIÈRE.

Eh bien, monsieur?...

ADRIEN, avec une colère contenue.

De vous je pouvais tout souffrir... injures,
mauvais traitements ; et je serais encore revenu
m'humilier devant vous, plutôt que de me
passer de votre consentement, de votre amitié...
mais ce que vous venez de dire là... un pareil
soupçon!... adieu!... je sors d'ici, j'en sors pour
n'y rentrer jamais.

ENSEMBLE.

CHŒUR FINAL.

Air nouveau de M. Hormille.

Ah! quel trouble m'oppresse !
Méprisant ma tendresse,
C'en est fait, il délaisse
Son neveu, son ami !...

ADRIEN.

Adieu donc, pour la vie !

BRIÈRE.

Adieu, va, quitte-moi.
Ta femme, je parie,
Me vengera de toi.

ENSEMBLE.

ADRIEN.

Ah ! ma crainte est extrême.
Puisse-t-il, lui que j'aime,
Ne jamais, pour lui-même,
Regretter mon appui !

BRIÈRE.

Ah ! la femme qu'il aime,
Pour son malheur extrême,
Je le gage, elle-même
Me vengera de lui.

PAULINE.

Ah ! tous deux je les aime,
Car déjà, pour moi-même,
Leur bienfaisance extrême
Fut deux fois un appui.

MÉDARD.

Oui, de monsieur lui-même
J'défendrai cell' que j'aime,
Quand je devrais moi-même
Me fair' chasser par lui.

(Adrien sort par le fond, la toile tombe.)

ACTE SECOND.

Un salon de campagne élégamment décoré. A gauche du public, une porte par laquelle on va au jardin,
à droite et au fond, portes qui communiquent aux appartements intérieurs.

SCÈNE I.

ADRIEN, MÉDARD.

MÉDARD.

Comment, monsieur Adrien, vous ici, à la

campagne de votre oncle !... quand voilà près
de six mois qu'on ne vous avait revu, même à
Paris...

ADRIEN.

Oui, depuis mon mariage, depuis !... (se re

prenant.) mais ce n'est pas le moment d'en vouloir à mon oncle... ce pauvre oncle!... figuretoi : j'ignorais même qu'il eût été malade !

MÉDARD.

Bah ! vraiment?

ADRIEN.

Eh mon Dieu ! oui... c'est hier qu'un ancien camarade de classe, Renaud, le premier clerc de M. Delorme...

MÉDARD.

Ah! oui, du notaire, auquel mon maître avait écrit de se rendre ici ce matin...

ADRIEN.

Justement... Renaud venait m'en prévenir... et c'est en même temps qu'il m'a parlé de cette violente attaque de goutte...

MÉDARD.

Oui... quatre mois au lit !...

ADRIEN.

Aussi, je suis accouru ; seulement pour que ma démarche ne fût pas suspecte, j'ai voulu attendre le départ du notaire.

MÉDARD.

Comment, depuis ce matin qu'il est resté avec mon maître, vous étiez?...

ADRIEN.

Dans l'auberge voisine avec ma femme.

MÉDARD.

Votre femme...!

ADRIEN.

Cela t'étonne après l'affront qu'elle a reçu de mon oncle...mais tout disparaît devant son danger ; nous voulons qu'il nous pardonne notre bonheur.

MÉDARD.

Vrai, vous êtes donc heureux?

ADRIEN.

Oh! oui... grace à ma Louise, qui, dans nos temps de gêne, a soutenu mon courage et contribue maintenant, par son esprit et ses qualités, à m'attirer une clientèle, des amis, des protecteurs. Oui... si j'étais plus ambitieux, il ne tiendrait qu'à moi d'accepter des offres brillantes... je pourrais... Mais m'occuper de ces idées-là, quand mon pauvre oncle... Dis-moi, pourrai-je bientôt le voir?

MÉDARD.

Je ne sais pas trop...

ADRIEN.

Sans doute... cette conférence avec le notaire l'aura fatigué?...

MÉDARD.

Oh ça! oui... car quand il a eu fini... « Je n'en peux plus » qu'il m'a dit: « vite mon déjeuner. »

ADRIEN, étonné.

Quoi !... il mange?...

MÉDARD.

Mais, oui... ce matin, par exemple, deux œufs frais...

ADRIEN.

Pauvre oncle !...

MÉDARD.

Une aile de poulet... une tranche de jambon..

ADRIEN.

Hein ?

MÉDARD.

Une compote de poires, quelques verres de sauterne, et sa tasse de café par là-dessus...

ADRIEN.

Ah çà !..mais..il va donc beaucoup mieux?...

MÉDARD.

S'il va mieux... tenez, pour le quart d'heure, il est allé jusqu'à la forêt de Sénart.

ADRIEN, avec joie.

Est-il possible ?... Ah çà !... c'est donc par erreur que Renaud m'a parlé d'une consultation où auraient été appelés le mois dernier trois médecins de Paris, et dont le résultat?...

MÉDARD.

Fut de condamner mon maître... si fait, rien de plus exact ; même que c'est de ce momentlà que le mieux a commencé... et maintenant, M. Brière est plus gaillard, plus vert que jamais...

ADRIEN.

De quel poids tu me soulages !... et pourvu que le temps ait affaibli sa haine contre moi...

MÉDARD.

De la haine, lui ?... tout au plus de la colère ; ce qui ne l'a pas empêché au fond de s'intéresser toujours à vous... Par exemple... quand votre nom se trouvait cité dans son journal, pour quelque affaire où vous aviez plaidé avec succès, ce qui arrivait souvent...

ADRIEN.

Eh bien ?...

MÉDARD.

Fallait voir sa figure s'épanouir, et ses yeux se tourner avec une larme vers ce beau portrait de votre père, vous savez, qui est en face de son lit...

ADRIEN.

Oui... et qui fut mon seul héritage !... il est donc vrai : mon oncle m'aime encore; et sans l'influence étrangère qui le domine...

MÉDARD.

Plait-il, monsieur ?

ADRIEN.

Je l'avoue... tu voyais plus loin que moi, quand tu t'opposais à l'entrée de cette jeune fille chez mon oncle.

MÉDARD.

De qui parlez-vous ?

ADRIEN.

Eh, parbleu ! de la demoiselle Pauline.

MÉDARD.

Elle, monsieur... on vous aura fait de faux rapports...

ADRIEN.

Laisse-moi donc tranquille !

MÉDARD.

Je le sais bien, peut-être. Elle s'est figuré que monsieur l'adopterait; elle le regarde comme un père; et aussi, pendant sa maladie, elle a été pour lui comme la meilleure des filles.

ADRIEN.

Quoi?

MÉDARD.

Oui, monsieur... elle avait quitté le petit pavillon qu'elle habite au bout du jardin, pour passer tout son temps auprès de votre oncle!... il en était si attendri!.. Vingt fois, en la voyant pâle, défaite, épuisée par les veilles, je l'ai entendu murmurer tout bas: « Pauvre enfant, « moi qui voulais !...» enfin,

AIR de Turenne.

Par degrés, dans sa r'connaissance,
Il prit pour ell' de meilleurs sentiments.

ADRIEN.

Quel bonheur !... enfin, il commence
A résister à ses penchants.

MÉDARD.

Oui, quand il souffrait; mais d' puis l' temps,
Depuis que sa goutte est guérie,
Et que l' danger s'est éloigné de lui,
P't-êt' qu'il r' mettra pour être converti
A sa prochaine maladie.

Ce qui me rassure pour Pauline, c'est un autre espoir.

ADRIEN.

Lequel?

MÉDARD.

Vous vous moquerez peut-être de moi...

ADRIEN.

Ah! mon pauvre garçon, tu l'aimes toujours.

MÉDARD.

Si je l'aime !.. plus que jamais; car, jusqu'à présent, je m'étais dit : « Regarde-toi, et regarde-la; tu es trop bête et trop laid pour elle, mon ami...» je me rendais justice...Eh bien, pas du tout, voilà quinze jours qu'elle est tonte je ne sais comment... un air rêveur... mélancolique... de grands soupirs... (Il en pousse un.) Ah !... et puis me regardant toujours, comme si elle avait envie de me demander quelque chose qu'elle n'oserait pas me dire... et tout ça, voyez-vous, ça m'a donné des idées... ça vous paraît drôle... mais c'est pourtant vrai : j'ai des idées...

ADRIEN.

Pauvre garçon !

MÉDARD.

Depuis quinze jours... et si elle m'accepte pour mari...

ADRIEN.

Mais t'es-tu offert ?...

MÉDARD.

Du tout... une politique...j'attends... comme voilà justement aussi quinze jours que son cousin est revenu à Paris...

ADRIEN.

Anatole... c'est vrai... eh bien ?

MÉDARD.

Il a déjà écrit à Pauline... je ne sais pas ce qu'il y avait dans la lettre; mais cette chère demoiselle, ça lui a fait un effet !... et depuis ce temps-là !... bien certainement il viendra la voir à cette campagne un de ces jours ; et alors, je m'ouvre à lui... pour qu'il parle en ma faveur, qu'il m'aide à détruire les espérances en l'air de la pauvre enfant, à lui faire comprendre que les vieux garçons n'adoptent pas les jeunes filles...

ADRIEN.

Eh bien, mon ami, tu peux le voir tout de suite.

MÉDARD.

Monsieur Anatole ?

ADRIEN.

Il est ici... à l'auberge où je suis descendu...

MÉDARD.

Ah ! bah !

ADRIEN.

A son retour à Paris, désespéré des bruits qui couraient sur sa cousine, il ne voulait plus la revoir, et c'est même là ce qu'il lui avait écrit...

MÉDARD.

Pas possible...!

ADRIEN.

Il me le disait encore hier, en venant me remercier d'un emploi que je lui ai fait avoir à Mulhouse, dans une manufacture ; et ce matin, la première personne que je rencontre à mon arrivée ici, c'est lui, qui m'avait devancé, qui était à m'attendre dans une voiture.

MÉDARD.

Il n'aura pas pu y tenir... il vient dire adieu à Pauline.

ADRIEN.

Non, mais causer avec toi, te parler d'elle.

MÉDARD.

Oh! de tout mon cœur... je le détromperai... et sur-le-champ...

BRIÈRE, en dehors, au fond.

Médard ! Médard !

ADRIEN.

Mon oncle !...

MÉDARD, regardant à gauche.

Oui... au bas du perron.

ADRIEN.

Je cours... (s'arrêtant.) et pourtant après une si longue absence, il vaut peut-être mieux que tu le prépares à me recevoir...

MÉDARD.

Rien de plus facile...

(Adrien sort un instant par le fond.)

SCÈNE II.

BRIÈRE, MÉDARD.

BRIÈRE, entrant.

Médard !...

MÉDARD.

Monsieur ?...

BRIÈRE, lui tendant sa canne et son chapeau.

Ah ! te voilà !... c'est heureux... comment, j'arrive, j'appelle.... et personne qui me réponde !

MÉDARD.

Monsieur est si vif, si impatient ! depuis sa convalescence...

BRIÈRE, flatté et d'un air content de lui.

Au fait, il y a du vrai dans ce que tu dis... c'est peut-être parceque je viens d'être astreint à des privations que je ne connaissais guères... mais enfin, je peux te dire ça entre nous ; c'est bizarre : jamais je ne me suis senti si jeune.

MÉDARD.

Vrai... tant mieux !...

BRIÈRE, lui frappant sur l'épaule.

Brave garçon...!

MÉDARD.

Monsieur, j'ai à vous annoncer...

BRIÈRE.

Moi aussi, j'ai à t'annoncer quelque chose de très important.

MÉDARD.

Quoi donc ?...

BRIÈRE.

Un projet qui peut-être a contribué à ma convalescence, puisqu'il me rend heureux, qu'il me console d'avoir été abandonné de celui que j'aimais le plus au monde, cet ingrat d'Adrien...

MÉDARD.

Permettez, monsieur...

BRIÈRE.

Puisque je te dis que j'ai trouvé le moyen de m'en consoler... je me marie...

MÉDARD.

Ah ! bah !

BRIÈRE.

Oui... c'est pour ça que j'ai été si long-temps occupé ce matin avec mon notaire.

MÉDARD.

Vrai, monsieur ?... (A part.) Plus de crainte pour Pauline. (Haut.) Je suis enchanté.

BRIÈRE.

M'aime-t-il !... m'aime-t-il !... et bien pour moi-même...

MÉDARD.

Ah çà !... mais, monsieur, vous vous mariez... et avec qui donc ?... depuis quatre mois que vous n'avez vu personne... pas une visite...

BRIÈRE.

C'est pourtant vrai, mes meilleurs amis.

AIR de l'Écu de six francs.

Non, près de moi pas un Pylade
Qui vînt braver un jour d'ennui.
Sitôt qu'un garçon est malade,
Plus de société pour lui...
Oui, chacun s'éloigne de lui.
Et c'est tout simple : car les dames
Ne vont jamais chez un garçon ;
Et les hommes, eux, pour raison,
Ne vont qu'où l'on trouve des femmes.

MÉDARD.

C'est pour ça que je me demande où monsieur a pu voir sa future, convenir de tout avec elle...

BRIÈRE.

Ma future... elle ne sait encore rien.

MÉDARD.

Pas possible...

BRIÈRE.

Celle que j'épouse, c'est...

MÉDARD.

Qui donc ?

BRIÈRE.

Pauline.

MÉDARD, abasourdi.

Hein !

SCÈNE III.

LES MÊMES ; ADRIEN, paraissant au fond et ne se possédant plus.

ADRIEN.

Grand Dieu !

BRIÈRE.

Adrien !

ADRIEN.

Pauline, votre femme !...

BRIÈRE.

Toi ici, à mon insu ! est-ce que tu m'espionnes ?

ADRIEN.

Le hasard seul...

MÉDARD.

J'allais vous annoncer...

BRIÈRE.

Paix donc !... (A Adrien, toujours avec ironie.) Du reste, puisque te voilà, tu seras la première personne à qui j'aurai fait part de mon mariage.

ADRIEN.

Votre mariage... quoi... c'est bien sérieusement !

MÉDARD, bas à Adrien.

C'est ça, parlez-lui.

BRIÈRE.

Ça doit te faire plaisir, toi qui combattais la vie de garçon... tu n'as pas voulu suivre mon exemple... c'est moi qui suivrai le tien.

ADRIEN.

Le mien !... ah ! pardon... celle à qui j'ai donné notre nom, le porte avec l'approbation du monde.

MÉDARD, bas.

Bien! bien! appuyez!

BRIÈRE.

Allons donc, il n'y a plus de préjugés dans notre époque.

ADRIEN.

Eh non, mon oncle; il ne s'agit pas de naissance, mais de position, d'habitudes sociales.

MÉDARD, bas.

Ferme!

ADRIEN.

Pauline est estimable, remplie de qualités...

MÉDARD, bas.

Ne lui dites pas, ne lui dites donc pas!...

ADRIEN.

Mais faire entrer dans notre famille une personne qui est chez vous en service...

BRIÈRE, très vivement.

Comme ouvrière.

MÉDARD.

Ça n'empêche pas, elle n'est pas l'égale de monsieur.

BRIÈRE, à Médard.

Toi aussi!... à merveille!... faites donc des révolutions!... Ah! on se ligue contre moi!... parents et valets!... raison de plus pour prendre une femme qui me soit dévouée, qui m'aime.

ADRIEN.

Mon oncle!...

MÉDARD.

Monsieur...

BRIÈRE.

Finissons-en... Quant à monsieur Médard, s'il n'est pas content, il y a un moyen bien simple... son congé... je le lui donne... Quant à vous, Adrien, je croyais à cet égard-là n'avoir plus rien à vous donner...

ADRIEN, blessé.

Ah!... mon oncle!... en effet... c'est la seconde fois que je suis chassé par vous; je ne m'exposerai pas, je le jure, à l'être encore une troisième.

(Fausse sortie.)

BRIÈRE.

Et tu feras bien!

MÉDARD.

Tout est fini!

BRIÈRE, à lui-même.

A-t-on idée d'une pareille scène!

MÉDARD, voyant Adrien qui va à Brière.

Il faiblit, il va pardonner à son oncle! quant à moi, je sais ce qui me reste à faire.

(Il sort par la porte à gauche.)

ADRIEN, revenant.

Pardon, mon oncle...

BRIÈRE.

Encore toi!

ADRIEN.

Pas pour long-temps; une dernière demande.

BRIÈRE.

Voyons.

ADRIEN.

J'avais laissé ici le portrait de mon père... mais comme je ne dois plus y revenir, que je vais quitter Paris, peut-être la France...

BRIÈRE, étonné.

Toi! comment cela?

ADRIEN.

Oui, la place d'avocat-général vacante en Corse... quelques plaidoyers heureux me l'ont fait offrir... je refusais... j'hésitais à m'éloigner... maintenant je n'hésite plus... je vais répondre que j'accepte, qu'on peut compter sur moi pour partir sur-le-champ.

BRIÈRE, un peu ému.

Ah! et tu veux emporter avec toi?...

ADRIEN.

AIR des Frères de lait.

Est-il un vœu plus légitime?
Lorsque, fidèle à mon devoir,
J'aurai veillé pour confondre le crime,
   A l'innocent rendu l'espoir,
Mon père, alors, que ne puis-je te voir!...
De mes travaux mon cœur t'offrant l'hommage,
   Te cherchera, sans trouver rien!
Mais si mes yeux rencontrent ton image, } bis.
Ah! je croirai que tu me dis: C'est bien! }
Mon père alors tu me diras: C'est bien!

BRIÈRE, attendri.

Le portrait de Henri!... c'est trop juste... prends... prends tout de suite.

ADRIEN.

Je vous remercie.

(Il fait un mouvement pour entrer chez son oncle.)

BRIÈRE.

Adrien!

ADRIEN, se retournant.

Plaît-il?

BRIÈRE, avec sensibilité.

Une poignée de main...

ADRIEN, revenant, avec effusion.

Ah! je vous retrouve!...

BRIÈRE.

Oui... oui... je t'aime au fond... j'ai toujours pensé à toi... et ce matin encore avec le notaire...

ADRIEN, avec une intention de fierté et de désintéressement.

Mon oncle!

BRIÈRE, le comprenant.

Eh bien, non, non, ne parlons pas de ça... et embrasse-moi!...

ADRIEN.

Ah! de tout mon cœur!...

BRIÈRE.

C'est bien!... allons... adieu!...

ADRIEN.

Oui... adieu... (Allant vers la chambre de Brière.) Mon pauvre oncle!...

SCÈNE IV.

BRIÈRE, s'essuyant les yeux.

Ah! cette idée qu'il va partir!... mettre la mer entre nous!... ça me fait un mal!... Adrien! ce cher Adrien!... Et pourtant, mieux vaut peut-être qu'il en soit ainsi... parceque sa femme... on a beau la dire si bonne, si aimable, elle n'aurait qu'à rencontrer la mienne dans le monde, et vouloir prendre avec elle des airs d'impératrice!... la mienne!... une femme à moi qui fus trente ans le plus grand adversaire du mariage... et fort heureusement ma foi, car sans cela, qu'aurais-je aujourd'hui pour compagne, pour éternel vis-à-vis?... une personne de mon âge... ce n'est pas gracieux... maintenant sur-tout que je ne peux plus aller chercher de distractions au dehors... au lieu que Pauline, rien que de la voir, ça inspire des idées riantes, ça rajeunit... avec elle pas de vieillesse possible... elle n'est pas votre égale, me dit-on... tant mieux, elle ne m'en sera que plus attachée... La voici... et moi qui suis encore tout poudreux... tout en désordre...

SCÈNE V.

BRIÈRE, PAULINE.

(Pendant le monologue de Pauline, Brière qui est allé se placer devant une glace, époussette ses souliers avec un mouchoir, remet sa cravate, et rajuste ses cheveux avec un petit peigne de poche.)

PAULINE entre pensive, sans voir Brière.

« Je vous prie, mademoiselle, de ne plus me nommer désormais votre cousin... adieu pour toujours!... » Ah! ces mots-là... depuis quinze jours ils ne me sortent pas de la pensée!.. Mon cousin s'est lancé; il est devenu un monsieur... et maintenant, il me regarde comme trop au-dessous de lui... ah! c'est bien mal!... lui!... l'ami de mon enfance, mon seul parent!...

BRIÈRE, à part, d'un air satisfait de lui.

Bien! (S'éloignant de la glace et toussant pour annoncer sa présence.) Hum! hum!

PAULINE, se retournant.

Ah! vous voilà, monsieur!...

BRIÈRE.

Oui, mon enfant, moi-même, qui ai été bien dérangé, bien éloigné de toi toute la matinée; aussi j'étais pressé de te revoir.

PAULINE.

Pour que je vous lise votre journal?

BRIÈRE.

Non, non, j'ai à te parler sérieusement...

PAULINE.

A moi!... sur quoi donc?...

BRIÈRE.

Ah!... sur quoi... voilà le diabolique : j'ai, pour commencer, un aveu à te faire.

PAULINE.

Un aveu?

BRIÈRE.

Qui ne laisse pas que d'être effrayant... mais dont la franchise te prouvera du moins mon repentir, mon desir de réparer mes torts...

PAULINE.

Vos torts... je ne vous comprends pas...

BRIÈRE.

Ma pauvre enfant, je t'ai persuadé que j'avais pour toi les sentiments d'un père; et même, devinant ton espérance, je t'ai laissé croire que je pourrais finir par t'adopter un jour?

PAULINE.

Eh bien?

BRIÈRE.

Eh bien, mon enfant, je te trompais...

PAULINE, reculant avec effroi...

O ciel!...

BRIÈRE.

Rassure-toi, il n'y a plus de danger maintenant, puisque je te le dis...

PAULINE.

Vous me trompiez!... vous, monsieur!... et dans quel but?

BRIÈRE.

Oh!... ne me le demande pas... tu serais trop indignée... tu me regarderais comme un monstre... parcequ'il est des idées... des caractères... que vous autres jeunes filles vous ne pouvez pas concevoir... au reste quels que soient mes torts, tu t'en es bien vengée depuis...

PAULINE.

Vengée!...

BRIÈRE.

Oui, par tes soins, ton dévouement pour le pauvre goutteux... en te voyant user ta santé pour me rendre la mienne, et me faire autant de bien que j'avais voulu te faire de mal, j'ai senti là quelque chose dont je n'avais pas même l'idée... un remords... oui, un remords, et parfois j'en souffrais plus que de mes douleurs... toute ma crainte, c'était de n'avoir pas le temps de réaliser un nouveau projet plus digne de toi...

PAULINE.

Un projet!... lequel?

BRIÈRE.

Tu ne devines pas?

PAULINE.

Mon Dieu, non!

BRIÈRE.

Essaye... tu me rendrais bien service...

AIR : Connaissez mieux le grand Eugène.

Quand par la douleur ennemie
Je voyais mes jours menacés,
Si je revenais à la vie,
Je jurai que mes torts passés
Dans l'avenir seraient tous effacés;
Que d'une conduite exemplaire

J'adopterais la règle ; et maintenant,
Réponds-moi, voudras-tu, ma chère
M'aider à tenir mon serment ?

PAULINE, le regardant d'un œil presque sévère.

Vous m'étonnez beaucoup, monsieur... ex-
pliquez-vous donc...

BRIÈRE.

Ah ! si tu me fais des yeux comme ça... si tu
te fâches... voyons... un regard d'amitié... et
ta main dans la mienne...

PAULINE, voulant retirer sa main.

Monsieur !

BRIÈRE, la retenant.

Allons donc, cette main chérie, quand je
te la demande, c'est pour la garder toujours.

PAULINE.

Comment ?...

BRIÈRE.

Sans doute... en qualité de mari...

PAULINE.

De mari... quoi monsieur !... oh !... ce n'est
pas possible...

BRIÈRE.

Si fait...mon enfant, il ne tient qu'à toi d'être
ma femme : je te l'offre, ou plutôt je te le demande, je t'en prie... et si tu doutes encore...
tiens ! tiens ! ce projet de contrat de mariage
que j'ai demandé ce matin à mon notaire... attends, tu vas voir...

(Il le prend dans son portefeuille.)

PAULINE, à part.

Ah ! s'il est vrai... Anatole, il verra que je
n'étais pas si méprisable ! je serais vengée de
lui...

BRIÈRE, lui présentant le contrat.

Voilà ; et en même temps, tu vas me dire si
tu es contente des clauses qui te regardent...

PAULINE, repoussant le contrat.

C'est inutile, monsieur ; vous voulez bien de
moi ?

BRIÈRE.

Si j'en veux !...

PAULINE, avec énergie.

Eh bien ! je consens... j'accepte.

BRIÈRE, montrant le contrat.

Quoi ! même avant d'avoir lu...

PAULINE.

Oui... car je ne mets qu'une seule condition...

BRIÈRE.

Laquelle ?

PAULINE.

C'est que la cérémonie aura lieu le plus tôt
possible.

BRIÈRE.

C'est toi qui me presses ! ah ! tu es cent
fois, mille fois trop bonne ! et je ne sais
comment te remercier, te prouver ma reconnaissance, moi qui toute ma vie ai calomnié
les femmes, moi qui poussais la folie jusqu'à porter un anneau... (riant.) oui, Pauline, oui, cet

anneau, vois-tu, c'était pour moi un avertisse-
ment de me défier de toutes les femmes, un pré-
servatif contre le mariage ; mais aujourd'hui, aujourd'hui je dois le quitter, le jeter loin de moi....
(Il ôte son anneau.) ou plutôt je te le donne...
porte-le toujours, toujours, entends-tu ; qu'il ne
te quitte jamais... qu'il soit là comme une ex-
piation de mes anciennes idées, qu'il me rappelle sans cesse la confiance dont tu es digne...

PAULINE.

Ah ! monsieur !

BRIÈRE, qui lui a passé au doigt son anneau.

Là... et maintenant, mademoiselle, vous voilà
ma fiancée !... malheureusement cela ne suffit
pas ; il faut rentrer dans le positif, et je vais
envoyer sur-l'heure à la mairie, à l'église, pour
faire afficher, publier les bans !...

PAULINE.

Merci... merci !...

BRIÈRE, à part.

Ah ! je suis trop heureux... (Haut.) A revoir.
Pauline !... à revoir, madame Brière... ma femme !...

(Il sort.)

SCÈNE VI.

PAULINE.

Il s'en va... c'est donc fini... me voilà enga-
gée... eh bien... tant mieux !... je serai sa femme... j'aurai un nom, de la considération, de la
fortune.

AIR de Céline.

On croira mon bonheur extrême.
Chacun envira mon destin ;
Et je m'en vanterai moi-même
Pour qu'on le dise à mon cousin.
Oui, je deviens ambitieuse
Afin de punir ses mépris,
Et je me trouve assez heureuse
S'il peut croire que je le suis.

SCÈNE VII.

MÉDARD, PAULINE.

MÉDARD.

Mam'selle...

PAULINE.

C'est vous, Médard ?...

MÉDARD.

Je viens de voir votre cousin.

PAULINE.

Anatole !...

MÉDARD.

Un service à vous rendre, ça me revenait de
droit.

PAULINE.

Anatole !... il serait venu !... il est ici, près de
moi ! mais où ? où donc ? que je coure...

MÉDARD, *lui présentant une lettre.*

Inutile, mam'selle; v'là ce qu'il m'a remis pour vous.

PAULINE.

Une lettre... (*La prenant.*) Voyons.

MÉDARD, *à part, pendant qu'elle l'ouvre.*

C'est mon dernier espoir.

PAULINE, *lisant, mais sans être entendue de Médard qui l'observe avec anxiété pendant toute cette lecture.*

« Pardon, pardon, ma bonne cousine ! »—Ah! enfin il se repent!... « Comment ai-je pu te croire coupable ? » — coupable, moi!... on le disait donc!... oh!... « un brave garçon vient de me prouver mon erreur. Ah! comme je serais heureux et fier de te dire maintenant : «Veux-tu être ma femme? »—Sa femme, moi! « mais je ne dois pas te tromper : je sais de Médard que M. Brière va te faire la même proposition... moi, vouloir t'enlever à un sort brillant, quand je n'ai à t'offrir que mon travail, une existence bien chétive!... non, l'honneur m'ordonne de renoncer à toi, et pour en avoir la force, je ne te reverrai plus... dans un quart d'heure la voiture sera prête, et demain je serai bien loin de toi. »—Demain!... demain, mon Dieu!...

MÉDARD, *voyant qu'elle ne lit plus.*

Mam'selle!

PAULINE, *sans l'entendre, à elle-même.*

Anatole!... je pouvais être sa femme!... oh! oui... oui... c'est bien là... c'est écrit... il serait heureux, il serait fier de me l'offrir... à moi que le monde soupçonne, calomnie... ah! cette générosité!... que n'ai-je pu prévoir!... mon Dieu! que je suis malheureuse!...

MÉDARD, *se rapprochant.*

J'espère que cette lettre-là vous fait plaisir?...

PAULINE, *désolée.*

Ah! mon pauvre ami, que n'est-elle venue plus tôt!...

MÉDARD.

Pourquoi, mam'selle?...

PAULINE.

Je viens de m'engager à M. Brière.

MÉDARD, *au désespoir.*

Est-il possible?... il était donc bien pressé!...

PAULINE.

Que faire maintenant?... mon Dieu!... que faire?...

SCÈNE VIII.

LES MÊMES, ADRIEN.

ADRIEN, *à la cantonade, avant de paraître.*

Oui... enveloppez ce tableau avec le plus grand soin...

PAULINE.

M. Adrien!... ici...

MÉDARD.

Vous ne saviez pas?... un demi raccommodement avec son oncle.

PAULINE.

Quel bonheur!... ah! s'il pouvait par ses conseils!... son entremise...

MÉDARD.

Tiens!... oui, au fait!...

PAULINE, *courant vers Adrien qui entre.*

Monsieur, monsieur! daignez m'entendre...

ADRIEN.

Que voulez-vous, mademoiselle ?

PAULINE.

J'ai une grace à vous demander.

MÉDARD.

Oh! oui, monsieur.

ADRIEN.

A moi?... vous!...

PAULINE.

Ça vous étonne... une pauvre fille comme moi qu'on voulait faire entrer dans votre famille... Vous devez m'en vouloir ?

ADRIEN.

Détrompez-vous, mademoiselle... et vous aurez même des droits à ma reconnaissance pourvu que j'apprenne de loin que vous faites le bonheur de mon oncle, que vous l'aimez... réellement.

PAULINE.

Et si je ne l'aimais pas?...

ADRIEN.

Qu'entends-je?

PAULINE.

Si j'en aimais un autre !

MÉDARD, *à part avec joie.*

Dieu!... elle l'a dit!...

ADRIEN.

Serait-il vrai?

PAULINE, *avec chaleur.*

Oui, monsieur... pourquoi le nierais-je!... Il y a un cœur dévoué à moi, qui m'a chérie, protégée sans intérêt, qui se sacrifie sans murmure... et il est pauvre, celui-là...

MÉDARD, *à lui-même.*

Oui, il est pauvre, mais...

PAULINE.

Dites, monsieur, mes premiers devoirs ne sont-ils pas envers lui?... et quand même je pourrais l'oublier, mais songez donc, monsieur, épouser votre oncle, c'est presque justifier des calomnies dont je ne me doute que d'aujourd'hui ; si je sors d'ici au contraire, si j'en sors à l'instant, pauvre comme j'y suis entrée, pour épouser quelqu'un de ma condition, on verra bien alors que je n'ai pas pu faire les calculs odieux qu'on me supposait... ma réputation, mon bonheur, la reconnaissance, tout veut que je renonce à M. Brière, que je me dégage d'avec lui... mais, comment?... Monsieur, venez à mon aide... ayez pitié de mon embarras!

ADRIEN.

Ma pauvre enfant, croyez-vous que se soit facile ?... pour que mon oncle, malgré ses anciennes idées, se soit décidé à un mariage, il faut qu'il soit bien épris de vous... qui sait comment il soutiendra un changement si brusque ?

PAULINE.

Vous craignez ?...

ADRIEN.

A son âge les passions sont peut-être plus tyranniques que jamais. Si à vingt ans on aime de toute sa force, à cinquante, c'est de toute sa faiblesse, qui ne peut plus qu'augmenter... Songez-y : détruire l'espoir que vous venez de lui donner vous-même, c'est risquer d'amener une crise... une rechute !...

PAULINE.

O ciel !... Ah ! malgré ses torts envers moi...

MÉDARD.

Par exemple, monsieur, ne poussez donc pas à votre oncle !..... Et mam'selle Pauline donc !... est-ce qu'il ne faut pas aussi qu'elle soit heureuse ?... Certainement j'aime mon maître... je n'exige pas qu'on le tue... mais il y a peut-être d'autres moyens... il doit y en avoir...

PAULINE, à Adrien.

Monsieur, dans le temps vous aviez eu l'idée de loger avec lui, de lui faire une société de votre ménage... et si vous l'ameniez à cela avec précaution... si vous vous chargiez de lui parler...

MÉDARD.

Ah !... oui, parlez-lui.

ADRIEN.

Moi !

MÉDARD.

Dam !... un avocat... c'est de votre état...

ADRIEN.

Pour que mon oncle suppose encore que je cherche à m'assurer son héritage... je ne puis... et même je crains d'être déja trop resté.... Adieu !... ma femme m'attend pour repartir.

PAULINE.

Elle serait ici ?

MÉDARD.

Dans l'auberge en face.

PAULINE.

Ah! je cours l'implorer... on la dit si bonne !.. si aimable !...

MÉDARD.

C'est ça , qu'elle vienne, elle !...

ADRIEN.

Louise ! que je l'expose à un affront ! non !... Mon oncle est riche et nous ne le sommes pas... je dois être fier pour ma femme... Il a refusé une fois de la recevoir, il l'a chassée ; ce serait à lui maintenant de la prévenir, de faire la première démarche.

MÉDARD.

Monsieur...

PAULINE.

Par pitié !

ADRIEN.

C'est impossible...

PAULINE.

Ah ! monsieur... vous êtes bien cruel pour moi !...

SCÈNE IX.

LES MÊMES, BRIÈRE.

BRIÈRE, qui a entendu les derniers mots de Pauline.

Hein ! quoi donc, Pauline ?... qu'est-ce qui s'est passé ? que vous a dit Adrien ? je voudrais bien voir qu'on manquât à ma femme.

ADRIEN.

Mon oncle...

BRIÈRE.

Paix !

MÉDARD.

Monsieur...

BRIÈRE.

Silence !

PAULINE.

Ah ! je dois !...

BRIÈRE.

L'excuser ?... allons donc... vous êtes trop bonne... Comment ! ce matin il m'annonce son départ ; je m'attendris, je l'embrasse ; et à peine ai-je le dos tourné , qu'il vient faire une scène chez moi !

PAULINE.

Mais ne croyez pas...

BRIÈRE.

Je crois ce que j'ai entendu... de votre bouche même... Cruel pour vous !... lui !... j'aime bien ça... qu'il aille donc à l'église, à la mairie, voir l'affiche et les bans de notre mariage.

PAULINE.

O ciel !

MÉDARD.

Déja !

ADRIEN.

Mon oncle, pour me justifier, je n'aurais qu'un mot à dire..... mais il vous affligerait.... j'aime mieux me taire... et si Pauline veut m'en croire...

BRIÈRE.

Par exemple !... voulez-vous bien ne pas donner de mauvais conseils à ma femme ! (Le menaçant.) Sortez !... vous pouvez maintenant partir pour la Corse, pour le diable... je ne vous regretterai plus !...

PAULINE.

Pour la Corse !...

ADRIEN.

Oui, mon oncle; dans un quart d'heure, je me remets en route pour Paris, et à peine y serai-je , que pour prévenir tout retour, toute réflexion, je cours au ministère, m'engager par une parole qui sera irrévocable.

BRIÈRE.

Tant mieux ! tant mieux ! qu'on me laisse seul avec Pauline !

(Adrien et Médard sortent.)

SCÈNE X.
BRIÈRE, PAULINE.

BRIÈRE, s'essuyant le front et s'éventant.

Ouf !

PAULINE, à part.

Me voilà sans autre appui que moi... Et Anatole, ce pauvre Anatole ! à qui je n'ai pu répondre encore... comme il doit souffrir !... être inquiet !... Mon Dieu ! que résoudre ?... quel parti prendre ?..

BRIÈRE.

Cet Adrien, je ne lui croyais pas si mauvais cœur... chercher à me séparer de toi !... mais ce serait pour moi le coup de la mort !

PAULINE, vivement.

Ciel !

BRIÈRE, lui prenant la main.

Eh bien ! qu'as-tu donc ?... ah ! comme ta main est glacée... tu trembles... serais-tu malade ?... et c'est lui qui en est cause !... (Se retournant vers la porte.) le misérable !... jamais de réconciliation entre nous.

PAULINE.

Monsieur !....

BRIÈRE.

Jamais !... je le verrais là, suppliant, rampant devant moi à deux genoux, je ne lui tendrais pas la main pour le relever.

PAULINE.

Ah ! ne dites pas cela... si vous saviez combien c'est injuste !

BRIÈRE.

Injuste !...

PAULINE.

Oui... ce que je demandais à votre neveu, c'était de vous envoyer sa femme ; et pourquoi refusait-il ? dans la crainte de vous mécontenter, de vous déplaire.

BRIÈRE.

Quoi ?... c'était là le sujet ?... il fallait donc me prévenir.

PAULINE.

Vous ne vouliez rien entendre.

BRIÈRE.

C'est vrai... de quel poids tu me soulages !... quoi !... Adrien ?...

PAULINE.

Donnait la preuve de l'amitié la plus désintéressée.

BRIÈRE.

Pauvre garçon !... je suis fâché alors de mon emportement.

PAULINE.

Il faudrait le réparer... (A part.) Essayons. (Haut.) Il va, disait-il, prendre l'engagement de partir pour la Corse ; ne lui en donnez pas le temps... rappelez-les tous deux.

BRIÈRE.

Sa femme aussi... Quoi ! tu me proposes ?...

PAULINE.

Oui, pour vous, pour animer votre maison, ne pas y vivre triste, isolé...

BRIÈRE, vivement.

Isolé !... est-ce que tu me quitterais ? toi ! toi ! oh ! non, n'est-ce pas ? jamais ! ah ! cette idée seule... ça me rappelle l'époque où je ne craignais rien tant que de rester lié à la même personne ; et si je devais subir la peine du talion !... avec ça que je ne méritais pas une femme aussi parfaite... mais c'est là ce qui devrait me rassurer... car tu es trop bonne pour me livrer au désespoir... tu ne me quitteras jamais !... jamais, n'est-ce pas ?...

PAULINE, balbutiant dans le plus grand trouble.

Monsieur...

BRIÈRE.

Merci ! merci ! j'étais bien sûr de ta réponse... mais ça fait toujours plaisir ; et d'ailleurs, ce gage de notre union, que tu as accepté, que tu porteras toujours...

PAULINE.

Vous n'avez pas répondu à ma demande.

BRIÈRE.

Au sujet de mon neveu ? tu y tiens donc beaucoup ?

PAULINE.

Si j'y tiens... mais vous ne savez donc pas ?... ces projets que vous aviez d'abord contre moi, tout le monde les a cru réalisés, tout le monde me croit coupable...

BRIÈRE.

Est-il possible !...

PAULINE.

Et comment n'aurait-on pas eu cette idée, quand je passais pour avoir chassé votre famille de chez vous ?... et ce sera bien pis maintenant, quand on m'accusera de l'avoir forcée à quitter Paris pour n'avoir pas à rougir de moi !... le seul moyen de me justifier, c'est qu'elle revienne ici... oh ! je donnerais dix ans de ma vie pour les avoir ramenés auprès de vous.

BRIÈRE.

C'est à ce point-là... mais alors il fallait donc me le dire tout de suite.

PAULINE, vivement.

Vous consentez ?

BRIÈRE.

Est-ce que je peux refuser le premier desir de ma femme ?

PAULINE.

Et ils viendront ici, aujourd'hui même ?

BRIÈRE.

Ça ne dépend plus que d'eux... mais Adrien est fier; et je n'irai pas me mettre à ses genoux... ma dignité d'oncle!...

PAULINE.

Oh! sans doute... et pour M. Adrien, il suffit que vous lui écriviez. .

BRIÈRE.

Que je lui... tu crois?...

PAULINE, le tournant doucement vers un guéridon qui est à droite.

Tenez, voilà tout ce qu'il faut.

BRIÈRE, s'asseyant.

Comme tu es pressée!... allons... (Écrivant.) « Mon neveu... »

PAULINE.

Rien de plus?

BRIÈRE.

Écoute donc... ma dignité... je ne peux pas lui donner tout d'un coup de : Mon cher neveu, lorsqu'il n'y a qu'un instant...

PAULINE.

C'est juste... alors, je mettrais : Mon ami.

BRIÈRE.

Tu veux ?... (Prenant une autre feuille et écrivant.) « Mon ami, nous voudrions, ma femme et « moi... »

PAULINE.

Non, non... ne parlez pas de... votre femme.

BRIÈRE.

Pourquoi donc?...

PAULINE.

Comme vous disiez, M. Adrien est fier, et s'il croit que vous ne cédez qu'à des sollicitations...

BRIÈRE.

Il ne viendrait pas, c'est possible. (Il change encore de feuille.) Allons... (Écrivant.) « Mon ami, « à la veille de mon mariage... »

PAULINE.

Eh bien !... je ne mettrais pas encore cela...

BRIÈRE, impatienté.

Ah!...

PAULINE.

Si vous vous fâchez...

BRIÈRE, se calmant.

Contre toi ?... moi ?... est-ce que je peux ?... mais quel motif ?...

PAULINE.

Pour une réconciliation, aller rappeler la cause de votre rupture...

BRIÈRE.

Allons, tu auras plutôt fait de me dicter toi-même.

PAULINE.

Je n'oserai jamais...

BRIÈRE.

Puisque c'est moi qui le veux... (Nouveau changement de feuille.) Eh bien?

PAULINE.

Eh bien !... (Dictant.) « Mon cher ami, si tu « m'aimes assez pour tout oublier, je t'attends « pour me conduire auprès de ta femme; car « après ce qui s'est passé, je dois lui faire la « première visite. »

BRIÈRE.

Diable !... tu me fais un peu petit garçon... enfin, dès que ça te convient, c'est égal.

PAULINE, dictant toujours.

« Songe que vous êtes tous deux nécessaires « à mon bonheur. »

BRIÈRE.

Tiens, au fait... lui, il nous servira de témoin.

PAULINE, de même.

« Je ne doute pas que tu n'accoures aussitôt. »

BRIÈRE.

« Ton oncle... »

PAULINE, d'un ton insinuant.

« Et ton ami. »

BRIÈRE.

Mon ami... c'est vrai... il l'était... Voilà ! et ce n'est pas sans peine... ouf! je n'en puis plus... (En riant.) Si j'allais prendre ma potion suivant l'ordonnance ?... tu sais un doigt d'alicante...

PAULINE, pliant la lettre,

Oui... pendant que je fais porter cette lettre à votre neveu, et je réponds bien qu'il ne se fera pas attendre.

(Elle sonne.)

BRIÈRE, allant vers sa chambre.

Ma foi, tant mieux... J'avais beau être en colère de son opposition à notre mariage, je sens là, qu'au fond, tu aurais eu bien de la peine à me consoler de son départ... Allons !... allons !... je vous aurai tous les deux.

(Il sort.)

SCÈNE XI.

MÉDARD, PAULINE.

MÉDARD, entrant, à part.

On a sonné... enfin!

PAULINE, qui a suivi Brière des yeux, très vivement.

Vite, vite, Médard !... pour M. Adrien.

MÉDARD, étonné,

Ah ! bah ! (A demi-voix, à Pauline.) Ça va donc bien ?

PAULINE, à demi-voix.

Oui ! oui !

MÉDARD, avec joie.

Quel bonheur !...

PAULINE.

Bon Médard... puis-je compter sur vous?

MÉDARD.

Oh ! ça !...

PAULINE.

Eh bien !... cherchez vite mon cousin...

MÉDARD.

M. Anatole?...

PAULINE.

Et dites-lui qu'il aille sur-le-champ m'attendre à l'entrée de l'avenue, avec la voiture qui
m'a amené... je l'y rejoindrai... dans un quart
d'heure nous partirons ensemble... je serai sa
femme.

MÉDARD, avec un grand cri.

Sa femme !...

PAULINE, lui mettant la main sur la bouche.

Chut !

SCÈNE XII.

LES MÊMES, BRIÈRE.

BRIÈRE.

Qu'est-ce que c'est ?...

PAULINE, étonnée du mouvement de Médard, embarrassée de la question de Brière, et les regardant alter-
nativement.

Rien... je ne sais...

BRIÈRE.

Est-ce qu'il refuse de vous obéir ?

MÉDARD, en homme qui se contraint.

Non, non, j'irai... pour vous, mam'selle...
Mais si j'avais su !... n'importe... quand j'en devrais mourir...

PAULINE, à part.

Ah ! je devine...

BRIÈRE.

Est-ce qu'il est fou ?... Va donc ! va donc !
partiras-tu ?

MÉDARD.

Et c'est lui qui me presse !

PAULINE, lui faisant signe de se taire.

Médard !...

MÉDARD, d'une voix entrecoupée.

Suffit, mam'selle... j'y vais et vous serez heureuse !... et moi !... ah ! bah ! moi... je me con-
solerai en pensant que j'ai contribué à votre
bonheur.

(Il sort.)

SCÈNE XIII.

BRIÈRE, PAULINE.

PAULINE, à part.

Pauvre garçon... tant de dévouement !... Allons... il me reste maintenant la tâche la plus
difficile.

BRIÈRE, qui l'observe.

Que de charme en elle !... et avoir quinze
jours à attendre pour être son mari... ah !...
(Haut.) A quoi penses-tu donc ?...

PAULINE.

A votre bonté !

BRIÈRE.

N'est-ce pas ?... tu auras là un mari bien obéis-
sant ?... Mais, au moins, chaque fois qu'il cède
à ce que tu desires, ça doit être à charge de revanche... (tendrement.) c'est bien juste...

PAULINE.

Monsieur...

BRIÈRE.

Et pour commencer, au lieu de ce monsieur,
si froid, que ne lui dis-tu : » mon ami ! »

PAULINE.

Vous voulez ?...

BRIÈRE.

Tu en as bien le droit... entre mari et femme.

PAULINE, vivement.

Ah ! nous ne le sommes pas...

BRIÈRE.

Pour ce qui s'en manque... un oui, et une
signature...

PAULINE.

N'importe.

BRIÈRE ! à part.

Son refus la rend encore plus jolie... (Haut.)
Allons, allons si tu avais un peu d'amitié pour
moi...

PAULINE.

De l'amitié ! ah ! j'en ai... j'en ai beaucoup.

BRIÈRE.

Eh bien !... alors...

PAULINE.

Et c'est cette amitié même qui me comman-
de d'avoir du courage et de vous parler avec
franchise.

BRIÈRE.

Comment ?...

PAULINE.

Vous voulez descendre jusqu'à votre infé-
rieure ; vous vous dites : Je lui donnerai un rang,
de la richesse, il faudra bien qu'elle m'aime...
une autre à ma place vous abuserait peut être ;
mais moi, monsieur, je suis une brave fille, j'ai
du cœur, et je vous honore trop pour vous dire
que j'aurai jamais de l'amour pour vous... au
contraire...

BRIÈRE, avec une inquiétude croissante.

Comment, au contraire... tu auras de la
haine !...

PAULINE.

Oh ! non !... mais, si j'en aimais déja un
autre...

BRIÈRE.

Hein ?...

PAULINE.

Un autre de ma condition, de mon âge...

BRIÈRE.

Plait-il ? pourquoi ces suppositions ?... ce n'est
pas possible... tu ne songes pas à m'abandonner :
car, vois-tu, s'il fallait à cette heure retomber
dans l'isolement, dans ma vie de garçon...

PAULINE.

Et votre famille qui va venir !

BRIÈRE.

Mais...

PAULINE, *d'un ton très insinuant.*

Votre nièce, on dit que c'est un modèle de toutes les perfections... ah! voilà la femme qui saurait recevoir vos amis, faire dignement les honneurs de chez vous... car il ne faut pas se flatter : une pauvre fille qui n'est jamais entrée dans un salon ne peut pas en prendre tout d'un coup les habitudes et les manières ; à chaque instant, sans qu'elle s'en doute, sa gaucherie, son air emprunté, mille traits d'ignorance feront sourire les étrangers, et rougir le mari qui l'aura élevée au-dessus de son état... mais la femme de M. Adrien, ah!... quelle différence!... par son esprit et sa grâce, elle attirera autour de vous un cercle toujours varié, y maintiendra le bon ton, l'enjouement, et fera dire à tout le monde : « Qu'il est heureux, ce « M. Brière, d'être entouré de sa famille, et d'a- « voir une nièce aussi aimable! »

BRIÈRE.

Je ne dis pas..... je la recevrai bien... mais toi, toi...

PAULINE, *l'interrompant.*

Ce bruit... une voiture...

BRIÈRE.

Ah! peut-être celle de mon neveu...

PAULINE, *allant vers la fenêtre.*

Non, non, je crois plutôt...

BRIÈRE, *à lui même avec émotion.*

Si ma lettre est arrivée trop tard!... Si Adrien retournait à Paris... où il va prendre cet engagement qui doit l'éloigner de moi, un engagement irrévocable!...

PAULINE, *à la fenêtre.*

Anatole... là!... là bas... il m'a vue.

BRIÈRE.

Pauvre Adrien! ne plus le revoir! J'ai le cœur serré!...

PAULINE.

Il m'attend... oh!... je n'y tiens plus...

(*Elle détache l'anneau que lui a donné Brière.*)

BRIÈRE.

Pauline, viens donc... Pauline, viens, je n'ai plus que toi... et... (*Elle lui présente l'anneau, qu'il prend avec étonnement.*) Mais que fais tu donc?... que signifie?... Eh bien?... pas de réponse... et je me rappelle... ces demi-mots de tout-à-l'heure... serait-il vrai!... (*Avec douleur.*) Je n'ai donc plus personne!... seul!... toujours!

(*Il tombe sur un fauteuil près de la porte à gauche.*)

PAULINE.

Ciel!...

SCÈNE XIV.

BRIÈRE, PAULINE, MÉDARD, et ensuite ADRIEN.

PAULINE.

Monsieur... monsieur... ah! mon Dieu qu'ai-je fait!...

MÉDARD, *entrant, bas à Pauline.*

Mademoiselle, M. Anatole est en bas...

PAULINE.

Anatole!... (*Regardant Brière.*) Mais lui... l'abandonner ainsi!... non!... jamais!... plutôt renoncer cent fois...

ADRIEN, *en dehors.*

Où est-il?... où est-il?... (*Il entre par la porte de gauche.*)

PAULINE.

Oh! venez!... venez... Monsieur Adrien...

ADRIEN.

Mon oncle!...

BRIÈRE.

Adrien!...

PAULINE, *à part.*

Ah! maintenant je puis partir!... (*à Médard, en lui donnant sa main à baiser.*) Adieu!...

BRIÈRE.

Pauline!...

ADRIEN.

Mon oncle, ma femme vous attend...

BRIÈRE.

Ah! mon ami!

(*Pauline est prête à sortir par la porte de droite en tendant la main à Médard. Brière est dans les bras de son neveu. La toile tombe.*)

FIN DE LA VIE DE GARÇON.

PARIS. — IMPRIMERIE NORMALE DE JULES DIDOT L'AINÉ, n° 4, boulevart d'Enfer.

www.ingramcontent.com/pod-product-compliance
Lightning Source LLC
LaVergne TN
LVHW020637180726
843502LV00006B/2093